Un détective très très très spécial

Romain Puértolas

Un détective très très très spécial

Vocabulaire par
Laure Boivin

Ernst Klett Sprachen
Stuttgart

Romain Puértolas

Un détective très très très spécial

1. Auflage 2 | 2025

Alle Drucke dieser Auflage sind unverändert und können im Unterricht nebeneinander verwendet werden.
Die letzte Zahl bezeichnet das Jahr des Druckes.
www.klett-sprachen.de

Redaktion: Edith Michaelsen
Layoutkonzeption: Elmar Feuerbach
Gestaltung und Satz: Joachim Schrimm, bostext, Friolzheim
Umschlaggestaltung: Andreas Drabarek
Druck und Bindung: Digitaldruck Tebben GmbH, Biessenhofen

Printed in Germany
ISBN 978-3-12-592339-3

Table des matières

Les porte-clefs chinois les plus français du monde (et vice versa)

Je me demande si les touristes chinois qui viennent visiter Paris sont conscients qu'ils achètent en réalité des souvenirs fabriqués chez eux.

Chaque fois que je les vois descendre en vitesse de leur bus et se presser dans mon magasin comme autant de fourmis frénétiques, j'ai envie de leur arracher des mains les tours Eiffel miniatures qu'ils ont piochées dans mes petits paniers et leur montrer l'inscription *Made in China* que l'on n'a même pas cherché à cacher dans l'anneau des porte-clefs.

Au lieu de ça, je les encaisse avec un grand sourire. Je leur glisse même, quand je suis en forme, les deux, trois mots basiques de mandarin que j'ai appris en regardant les films de Jackie Chan. *Ni Hao ! Xiéxié !*

Après tout, mon patron n'apprécierait sûrement pas que je me mette à dos des clients, et puis je doute sérieusement que je puisse les dissuader d'acquérir ces fabuleux trésors en fer blanc pour lesquels certains ont parcouru plus de dix mille kilomètres.

Ici, à Montmartre, on vend du rêve qui ne revient pas cher. L'os du confit de canard est scié, ce qui signifie qu'il est industriel, les cuisses de grenouille proviennent de grenouilles à six pattes que l'on élève spécialement pour la restauration, et les desserts *faits maison* griffonnés à la craie blanche sur l'ardoise des crêperies font l'objet d'arrivages quotidiens dans de grosses

5 **une fourmi** Ameise – 6 **arracher** prendre brutalement – 7 **piocher** *ici :* herauspicken – 15 **se mettre qn à dos** jdn gegen sich aufbringen – 16 **dissuader qn** déconseiller à qn – 16 **acquérir** acheter – 16 **le fer blanc** Blech – 20 **un os** [ɔs] Knochen – 20 **le confit de canard** Enten-Confit – 20 **scier** sägen – 21 **une cuisse de grenouille** Froschschenkel – 23 **griffonner** mal écrire – 23 **la craie** Kreide – 23 **une ardoise** *ici :* Tafel

boîtes de vingt-quatre portions congelées. Ils sont faits dans une maison, en effet, une grosse maison que l'on appelle usine.

En fait, c'est un joli quartier en trompe-l'œil, construit en carton-pâte puis peint en rose, un peu comme Disneyland qui se situe à quarante kilomètres à vol de Buzz l'Éclair d'ici.

Dans notre domaine, la vente de souvenirs, on est pas mal non plus. Les tableaux d'œuvres originales sont des reproductions digitales faites à grands tirages, les tee-shirts *peints à la main* sont imprimés au fer à repasser par des Vietnamiens du XIIIe arrondissement qui, effectivement, ont des mains, et les bérets typiquement parisiens sont acheminés par avion depuis un pays dont je ne me rappelle plus le nom mais qui finit par *-stan*.

Bref, lorsque je vois à quel point il est facile d'entourlouper un touriste ici, je me demande parfois lequel des deux est le plus retardé mentalement, si c'est lui ou moi.

En parlant de retard, Rachid, mon patron, se fait encore attendre, ce qui me pose un sérieux dilemme. Je ne peux pas partir et laisser le magasin en plan, sans surveillance, avant qu'il ne soit arrivé, et d'un autre côté, je ne peux pas l'attendre éternellement non plus car je dois prendre mon tour à mon autre travail. Si mon patron faisait un peu plus attention aux conséquences de ses actions, la Terre tournerait bien plus rond. Mais voilà, il ne pense qu'à sa petite vie et il sait que je suis bien trop professionnel pour fermer le magasin et m'en aller alors que les touristes se pressent à nos portes. Ce qui l'arrange et il n'hésite pas à en abuser.

1 **congelé** eingefroren – 4 **le carton-pâte** Pappmaché – 5 **Buzz l'Éclair** personnage du film *Toy Story* – 7 **une œuvre** Werk – 8 **un tirage** Auflage – 9 **imprimer** drucken – 9 **un fer à repasser** Bügeleisen – 11 **un béret** Baskenmütze – 11 **acheminer** apporter – 14 **entourlouper qn** *fam* jdn austricksen – 16 **retardé mentalement** zurückgeblieben – 19 **laisser qn/qc en plan** *ici :* abandonner qn/qc – 21 **éternellement** ewig – 26 **arranger qn** *ici :* jdm gelegen kommen – 27 **abuser de qc** *ici :* etw ausnutzen/missbrauchen

En engageant un trisomique, Rachid pensait doubler son chiffre d'affaires. Eh bien, il s'est trompé. Je l'ai triplé. À croire que la misère humaine fait toujours vendre au XXIe siècle. Même si je ne me considère pas tout à fait comme le meilleur ambassadeur de la « misère humaine ».

Avec ce que je gagne au magasin, je pourrais facilement m'en sortir, sans compter que je vis encore chez papa et maman et que je ne paye donc pas de loyer, bien que je les aide de temps en temps. Ils me gardent auprès d'eux, malgré mes trente ans, sous prétexte de pouvoir mieux m'enseigner à être autonome, ce que je trouve être un paradoxe. Moi, je joue la crédulité et les laisse ainsi conserver sur moi un semblant de contrôle. J'aime tellement leur faire plaisir.

Un jour pourtant, je partirai. Et ils n'y pourront rien. Je ne serai plus une charge pour eux. Je vivrai ma vie à moi et pour moi. Même si papa et maman prennent le soin de me préserver en me cachant des choses, j'ai bien conscience que je suis un être différent et que ma vie ne sera jamais entièrement normale. Je ne pourrai jamais avoir d'enfants, par exemple, je me suis renseigné là-dessus. Et avec un peu de chance, je vivrai assez pour voir les cerisiers fleurir vingt printemps encore, ce qui ne sera pas suffisant pour voir la comète de Halley repasser par ici en 2061. Mais bon, malgré ce que les gens pensent, nous ne sommes pas tous des assistés non plus et il y a d'autres choses à faire beaucoup plus intéressantes que s'apitoyer sur son sort. Apprendre des choses par exemple.

Sur Internet, j'ai appris qu'une dizaine de personnes atteintes du syndrome de Down à travers le monde avaient suivi un cursus

1 **engager** einstellen – 1 **un trisomique** Person mit Down-Syndrom – 1 **doubler** verdoppeln – 2 **le chiffre d'affaires** Umsatz – 2 **tripler** verdreifachen – 3 **la misère** *ici :* Leid – 4 **se considérer comme…** sich als… betrachten – 5 **un ambassadeur** Botschafter/in – 8 **un loyer** Miete – 9 **malgré** trotz – 10 **sous prétexte** *m* unter dem Vorwand – 11 **jouer la crédulité** faire comme si on croyait qn – 15 **une charge** Last – 16 **préserver** *ici :* protéger *(schützen)* – 21 **un cerisier** Kirschbaum – 24 **un assisté** qn qui ne peut survivre qu'avec l'aide de qn (la famille, l'Etat) – 25 **s'apitoyer sur son sort** sich selbst bemitleiden – 28 **suivre un cursus étudiant** faire des études *fpl*

étudiant normal et s'étaient même licenciées dans de bonnes universités.

J'ai aussi lu qu'en 2008, un certain Bert Holbrook, un Américain, était entré dans le livre *Guinness des Records* pour être l'homme vivant le plus vieux au monde atteint de trisomie 21. Il est décédé le 14 mars 2012 alors qu'il avait 83 ans. Ça fait rêver !

Je me suis empressé d'écrire toutes ces informations dans mon cahier vert, celui où je n'écris que les belles choses, et cela m'a redonné confiance et force.

Dans l'attente de pouvoir m'acheter un appartement décent en région parisienne et de dire au revoir à papa et maman, je travaille. Et puisqu'il m'est impossible moralement de passer mes journées à arnaquer des touristes à Montmartre, je suis « Nez » le reste du temps, enfin, de 13 h 00 à 16 h 00, pour une grande marque de déodorant. Et c'est justement là que je serai en retard si mon patron n'arrive pas maintenant.

Au moins, au labo, on ne m'affiche pas et on ne se fait pas de l'argent sur mon visage, même si finalement je n'en tiens pas rigueur à Rachid, qui est plus imbécile que méchant. Dans mon second job, on fait de l'argent avec mon nez, ce que je trouve bien plus noble.

Car si la nature m'a affublé d'un chromosome supplémentaire pour la 21e paire et d'une ouïe déplorable que je soigne depuis tout petit, elle m'a doté en revanche d'un sens de l'odorat plus développé que la moyenne, un peu comme le Jean-Baptiste Grenouille du *Parfum* de Süskind. Simple équilibration des choses. La nature devait se sentir le cul merdeux de m'avoir fait comme ça.

1 **se licencier** *ici :* être diplômé – 8 **s'empresser** se dépêcher – 14 **arnaquer** betrügen – 15 **un « Nez »** une personne qui grâce à son nez *(Nase)* très sensible participe à la création de parfums ou d'odeurs *(Gerüche)* – 18 **afficher** montrer – 19 **tenir rigueur** *f* **à qn de qc** jdm etw übel nehmen – 20 **imbécile** bête, idiot – 23 **affubler qn de qc** *ici :* donner qc à qn – 24 **l'ouïe** *f* Gehör – 24 **déplorable** très mauvais – 25 **doter qn de qc** jdn mit etw ausstatten – 25 **le sens de l'odorat** *m* Geruchssinn – 27 **l'équilibration** *f* → l'équilibre *m (Gleichgewicht)* – 28 **se sentir le cul merdeux** *fam* schlechtes Gewissen haben

J'ai l'habitude de dire que si la truffe d'un chien vaut un million de nez humains, mon nez, lui, en vaut bien une dizaine. Le vigile du supermarché, qui est toujours accompagné d'un gros Berger allemand, m'a un jour dit que la membrane olfactive d'un chien mesurait 130 cm^2 (soit quasiment la taille d'une carte postale) et celle d'un homme, 3 cm^2 (soit même pas un timbre). Je me demande bien combien la mienne mesure. Par pur optimisme, car l'information n'était en soi ni bonne ni mauvaise, je l'ai écrite dans mon cahier vert.

Je suis donc « Nez » pour une marque célèbre de déodorant. Il est maintenant interdit d'en donner le nom. À la télé, ils mettent les images à l'envers pour ne plus faire de publicité, même si on reconnaît parfaitement les marques et que l'on ne comprend pas très bien pourquoi ils se donnent tout ce mal. En fait, dit de forme claire, je suis « renifleur d'aisselles ». Cette seconde activité professionnelle se résume, comme son nom l'indique, à appliquer mes narines, après pulvérisation, sur les dessous de bras de dizaines de personnes, soit cinquante à la semaine et deux cents au mois.

Bien qu'ils soient propres, condition stipulée par contrat, certains individus ont une odeur corporelle faisandée qui persiste même après la douche et l'application du déodorant. C'est souvent le cas pour les hommes, de surcroît s'ils sont « forts », et il se trouve que c'est malheureusement la section dans laquelle je travaille (les gros). Mais mon patron va me faire passer à la section féminine dans les mois à venir.

À ce sujet, il y a quelques mois, à Singapour, un homme a été condamné à quatorze ans de prison et dix-huit coups de canne pour avoir reniflé les aisselles de vingt-trois femmes dans des

1 **une truffe** *ici :* Schnauze – 2 **un vigile** Wächter – 3 **un Berger allemand** deutscher Schäferhund – 4 **une membrane olfactive** Riechschleimhaut – 6 **un timbre** Briefmarke – 8 **en soi** in sich – 12 **à l'envers** verkehrt herum – 14 **se donner du mal** sich Mühe geben – 15 **un renifleur** → **renifler** riechen, schnüffeln – 15 **une aisselle** Achselhöhle – 17 **une narine** Nasenloch – 17 **la pulvérisation** Sprühen – 20 **stipuler par contrat** *m* vertraglich festlegen – 21 **faisandé** *ici :* verfault – 22 **persister** rester – 23 **de surcroît** *m ici :* encore plus – 24 **fort** *ici :* gros – 28 **une canne** Stock

lieux aussi sordides que des ascenseurs et des parkings mal éclairés. J'ose à peine imaginer ce que je prendrais dans leur pays pour en avoir reniflé près de trois mille six cents en une année.

Paniqué, je me souviens avoir recopié cette information en gros dans mon cahier rouge, celui où je n'écris que les mauvaises choses, avant de vite le refermer comme si le diable essayait de s'en échapper. Bien noter de ne jamais aller à Singapour…

1 **sordide** heruntergekommen – 1 **un ascenseur** Aufzug – 2 **à peine** kaum – 7 **le diable** Teufel – 8 **s'échapper de qc** aus etw entkommen

Qui boit de l'eau ?

Ce matin, alors que je recherchais de la documentation sur le père de la chimie moderne, Antoine Lavoisier, dont on remercia les bons et loyaux services donnés à la science en lui coupant la tête pour avoir été collecteur d'impôts durant le règne de Louis XV, je suis tombé, au hasard de mes investigations internautes, sur une célèbre énigme que l'on attribue généralement à Albert Einstein alors qu'elle collerait plus à un vieux psychologue raté gagnant sa vie à faire passer des tests de Q.I. remboursés par la sécurité sociale à des mecs dans mon genre. Bref, selon le physicien allemand, qui fut ensuite apatride puis suisse, et enfin helvético-américain, seuls 2 % de la population seraient capables de résoudre le casse-tête, ce qui a attiré mon insatiable curiosité et m'a poussé à accepter le défi.

La formidable aventure cérébrale sera également un beau moyen de découvrir par moi-même, et non à travers les mensonges de mes parents, le véritable quotient intellectuel de moineau dont la nature m'a gentiment doté, dans sa grande bonté.

Derrière la caisse enregistreuse du magasin, j'ai donc mon cahier orange, celui où j'écris des choses qui ne sont ni bonnes ni mauvaises, ouvert sur les pages centrales et sur lequel j'ai recopié l'énoncé. Depuis que je suis au magasin ce matin, je le laisse à portée de main au cas où j'aurais un petit moment et que je pourrais me pencher dessus.

4 **un collecteur d'impôts** Steuereintreiber – 5 **une investigation** une recherche – 6 **internaute** sur Internet – 6 **une énigme** Rätsel – 7 **coller à qn** *ici :* zu jdm passen – 8 **raté** *ici :* qui n'a pas de succès – 9 **le Q.I.** *abrév de* quotient intellectuel – 9 **remboursé** zurückerstattet – 9 **un mec** *fam* un homme – 9 **dans mon genre** comme moi *(meiner Art)* – 10 **apatride** qui n'a pas de patrie (staatenlos) – 12 **résoudre** lösen – 12 **un casse-tête** *ici :* Rätsel – 13 **insatiable** unersättlich – 14 **cérébral** → **le cerveau** Gehirn – 16 **un mensonge** Lüge – 17 **un moineau** Spatz – 22 **un énoncé** Aufgabenstellung – 23 **à portée de main** in Reichweite – 24 **se pencher sur qc** *ici : fig* réfléchir à qc

L'Anglais habite la maison rouge. L'Espagnol adore son chien. L'Islandais est ingénieur. On boit du café dans la maison verte. La maison verte est située immédiatement à gauche de la maison blanche. Le sculpteur possède un âne. Le diplomate habite la maison jaune. Le Norvégien habite la première maison à gauche. Le médecin habite la maison voisine de celle où demeure le propriétaire du renard. La maison du diplomate est voisine de celle où il y a un cheval. On boit du lait dans la maison du milieu. Le Slovène boit du thé. Le violoniste boit du jus d'orange. Le Norvégien demeure à côté de la maison bleue. Qui boit de l'eau ? Qui élève le zèbre ?

Au premier abord, cela paraît tout simplement absurde. Un violoniste qui boit du jus d'orange, un sculpteur avec un âne, on se croirait dans une pièce de Ionesco. On est tout de suite enivré par le trop plein d'informations. On pense que l'on pourra déjà débroussailler un bon nombre de choses. Mais c'est un leurre, un attrape-nigaud. Au bout de quelques secondes, on se rend vite compte qu'après deux, trois détails faciles et immédiats, on cale.

J'ai dessiné cinq petites maisons sur les carreaux de mon cahier. Je ne me suis pas trop appliqué, de toute façon, je n'ai jamais été très bon en dessin et moins encore lorsque je n'ai pas de modèle à recopier. Pour cela, je n'ai pas hérité de papa, qui est professeur d'arts plastiques. Bref, j'ai dessiné des maisons telles que je les imaginais, sans arrière-pensée et surtout librement, sans avoir derrière mon épaule un psychologue à lunettes hochant la tête à chacun de mes traits et pensant que je conserve de gros traumatismes de l'enfance parce que je ne dessine pas de fumée au-dessus de mes cheminées ou que les

4 **un sculpteur** Bildhauer – 4 **un âne** Esel – 6 **demeurer** *ici :* habiter – 7 **un propriétaire** Besitzer – 7 **un renard** Fuchs – 12 **au premier abord** auf den ersten Blick – 15 **enivré** berauscht – 16 **débroussailler qc** *ici : fig* Licht bringen in – 17 **un leurre** Trick, Attrape – 17 **un attrape-nigaud** Bauernfängerei – 18 **se rendre compte** feststellen – 19 **caler** *ici :* ne pas avancer – 20 **un carreau** *ici :* Kästchen – 21 **s'appliquer** sich Mühe geben – 23 **hériter de qn** von jdm erben – 27 °**hocher la tête** mit dem Kopf nicken – 29 **une cheminée** Kamin, Schornstein

fenêtres n'ont pas de rideaux. Mes maisons sont un carré surmonté d'un triangle. Point.

Sous la première, j'ai écrit la lettre N, car *Le Norvégien habite la première maison à gauche.* J'ai ensuite écrit « Bleue » sous la maison située à sa droite immédiate, car *Le Norvégien demeure à côté de la maison bleue.* Enfin, j'ai dessiné un petit verre de lait sous la suivante car *On boit du lait dans la maison du milieu.*

Pas besoin d'être normal pour aller jusque-là. Un trisomique avec un peu de jugeote peut aisément y arriver. La preuve. Tout en réfléchissant à mes prochains pas, je me dis que c'est un exercice excellent pour le cerveau. Tout le monde devrait essayer. On est tout à fait dans l'esprit du Sudoku (qui signifie « chiffre unique »), sauf que les chiffres ont été remplacés par des phrases, des concepts, qu'il faut recouper entre eux. Or, on ne voit jamais personne s'amuser à résoudre ce genre de choses dans le métro, alors que la petite grille japonaise de chiffres à remplir est omniprésente chez l'utilisateur lambda de transports en commun.

Le problème, c'est qu'il faut un minimum de temps et de concentration pour établir les bonnes connections entre les éléments donnés, or à Montmartre, les baisses de régime sont rares, sauf les jours pluvieux, et encore.

Je repose le cahier et le stylo. Ce que je pense être un beau spécimen de mâle espagnol à moustache vient de me mettre deux casquettes blanches brodées *Paris* sous le nez. Aussitôt, une forte odeur de plastique se fraye un chemin vers le fond de mes narines. J'identifie des relents de polyester, de colle à chaussures et de cire brûlée.

1 **un rideau** Vorhang – 1 **un carré** Quadrat – 2 **un triangle** Dreieck – 9 **la jugeote** *fam* Grips – 9 **aisément** facilement – 10 **un pas** Schritt – 14 **recouper** sich mit etw decken – 17 **lambda** *fam ici :* normal, ordinaire – 21 **or** nun – 21 **une baisse de régime** *fig* un moment plus calme – 22 **pluvieux** → la pluie – 24 **un spécimen** *ici :* un exemple – 25 **brodé** bestickt – 26 **se frayer un chemin** sich einen Weg bahnen – 27 **un relent** une mauvaise odeur – 27 **la colle** Klebstoff – 28 **la cire** Wachs – 28 **brûlé** verbrannt

– Vingt-huit euros ! dis-je en m'empressant d'éloigner les casquettes de mes sinus et en les enfermant dans un sac en plastique vert qui ne sent pas mieux. Sans broncher, le touriste me tend un billet de cinquante. J'ai l'impression que j'aurais pu lui dire trente-huit, quarante-huit euros. Certains se fichent du prix et ne pensent qu'à dépenser de l'argent lorsqu'ils se retrouvent à l'étranger, comme si leurs euros n'étaient pas les mêmes que les nôtres. Mais l'Espagne est en crise, je l'ai vu à la télé. Alors, je n'insiste pas. Je me rattraperai sur le prochain autobus de Japonais. Je lui rends ce que m'indique la machine. Voilà. En quelques secondes, le magasin vient de faire un bénéfice de vingt-quatre euros tout rond puisque la casquette, commandée en quantités astronomiques, revient au patron à deux euros chacune.

L'homme repart content vers la sortie où l'attend une jolie brune habillée en débardeur et en short, qui mange une glace. Elle embrasse son ami, son amant, son mari ou que sais-je encore, sur la joue, et s'empresse de mettre sa nouvelle casquette en fibres synthétiques sur la tête. Puis elle l'arbore comme une Miss arborerait un diadème en diamants. J'ai presque honte pour elle. J'en ai déjà vendu dix-sept ce matin. Je peux déjà parier que, comme toutes les autres, elle se sent unique et qu'elle mirera son reflet dans toutes les vitrines de Montmartre.

Je reprends mon cahier et jette un coup d'œil frais à l'énoncé. *L'Espagnol adore son chien.*

Bien que n'étant pas espagnol, j'ai eu un chien, moi aussi, une chienne plus précisément, Farah, et je l'ai adorée. Elle est morte il y a quelques années. Il paraît que j'ai tellement pleuré que maman ne veut plus que j'aie un animal à la maison, pas même un poisson rouge.

2 **le sinus** Nasennebenhöhle – 3 **sans broncher** sans réagir – 16 **un débardeur** ärmelloses T-Shirt – 17 **un amant** Liebhaber – 19 **arborer qc** porter fièrement *(stolz)* qc – 22 **parier** betten – 23 **mirer** regarder – 23 **un reflet** Spiegelbild

Je relève la tête et regarde vers l'infini qui se limite pour moi à l'angle du Moulin de la Galette. L'Espagnole se regarde dans les vitres du restaurant.

L'Espagnole adore sa casquette.

J'adore l'Espagnol qui achète une casquette à l'Espagnole qui adore sa casquette. Mais j'adore plus encore Rachid dont je vois la silhouette filiforme de haricot se découper dans l'entrée du magasin et me faire signe de partir.

7 **filiforme** spindeldürr – 7 **un haricot** Bohne – 7 **se découper** sich abzeichnen

Les Martiens de céramique

Un jour, j'ai fait une découverte incroyable : le temps que je mets pour me rendre du magasin au laboratoire dépend du couvre-chef que je porte sur la tête à ce moment-là.

Si j'ai mon chapeau safari, je mets une demi-heure pile. Si je porte mon bonnet noir Raiders, quarante minutes, et si je mets mon bob en ciré jaune, quarante-cinq minutes, soit plus d'un quart d'heure de différence au total. Malgré ce que certains pourraient penser, il n'y a rien de magique là-dedans. Rien qui ne soit explicable, en tous cas, par la seule logique. C'est tout simplement parce que le matin, je regarde le temps qu'il fait par la fenêtre et c'est à cet instant-là que je décide du type de coiffe que je porterai toute la journée pour dissimuler ma calvitie et protéger mon crâne. C'est vraiment pas sorcier : le chapeau safari pour les beaux jours, le bonnet quand il fait froid et le bob en ciré lorsqu'il pleut. Or, quand il fait froid ou qu'il pleut, je mets inévitablement un peu plus de temps pour me rendre au laboratoire car cela signifie qu'il y a soit du vent, soit du gel, soit de la neige, en tous les cas, un événement météorologique contre lequel je dois m'armer de précaution pour ne pas glisser en descendant les grands escaliers qui mènent à la rue des Trois Frères. Les jours de pluie, les pavés de Montmartre deviennent de véritables toboggans et autant de pièges qu'il me faut déjouer.

Aujourd'hui, j'ai de la chance, il fait beau et je porte donc mon chapeau safari. Je me sens comme un aventurier. En pressant juste un peu le pas, j'arriverai à l'heure.

Je presse donc juste un peu le pas.

un Martien [marsjɛ̃] un habitant de la planète Mars – 3 **un couvre-chef** Kopfbedeckung – 4 **pile** exactement – 5 **un bonnet** Mütze – 6 **un bob en ciré** Regenhut – 12 **dissimuler** cacher – 12 **la calvitie** [kalvisi] le fait de ne plus avoir de cheveux – 13 **c'est pas sorcier** *fam* c'est pas compliqué – 16 **inévitablement** automatiquement – 17 **le gel** Frost – 19 **s'armer de précaution** *f* faire très attention – 19 **glisser** rutschen – 21 **un pavé** Pflasterstein – 22 **un toboggan** Rutsche – 22 **un piège** Falle – 22 **déjouer** éviter – 24 **presser le pas** marcher vite

Monsieur Desépaules est un bon patron qui, par ailleurs, porte bien son nom. Quand il était jeune, il a fait partie de l'équipe de France de natation. Il en a conservé la carrure athlétique, et ce, malgré ses cinquante-trois ans. C'est sa hargne qui l'a amené jusqu'ici.

En listant le nom et les parcours professionnels d'une centaine d'entrepreneurs sur mon cahier vert, j'ai remarqué que l'on retrouvait souvent des sportifs de haut niveau recyclés dans les postes clés ou à la direction de grosses boîtes. J'ai inclus dans la liste le nom d'Ingvar Kamprad, le fondateur visionnaire d'IKEA. Le nom de son entreprise est un acronyme composé des initiales de son nom (IK) suivies de celles d'Elmtaryd (E), la ferme de sa famille, et d'Agunnaryd (A), son village natal en Suède. Lorsqu'il était jeune, il a eu l'idée géniale de revendre à l'unité des allumettes qu'il achetait en gros. Peut-être était-ce des allumettes à monter soi-même avec d'un côté la petite tige de peuplier et de l'autre la boulette rouge de phosphore ! Quoiqu'il en soit, ses clients étaient tous des fermiers de la zone et il les livrait à domicile en bicyclette, de là sa présence dans ma liste de sportifs… Par la suite, il a fait la même chose avec du poisson, des décorations de Noël, des crayons et des stylos. Aujourd'hui, il paraît qu'un bébé sur dix est conçu dans un de ses lits en bois de pin. Je n'ai jamais demandé à mes parents si c'était le cas pour moi, ce qui expliquerait bien des choses, surtout le fait que mes gènes aient été livrés en kit à la naissance. J'ai un chromosome de trop, comme cette pièce de trop qu'il nous reste dans les mains quand on a monté une armoire IKEA et dont on ne sait que faire.

Ce que j'aime chez Monsieur Desépaules, c'est qu'il ne m'a pas embauché pour satisfaire son quota de personnes handicapées. Il m'a recruté pour mes capacités professionnelles

3 **la carrure** *ici :* Schultern – 4 **la °hargne** Verbissenheit – 8 **recyclé** *ici :* umgeschult – 9 **une boîte** *fam* une entreprise – 15 **une allumette** Streichholz – 16 **une tige** Stiel – 16 **un peuplier** Pappel – 17 **quoiqu'il en soit** wie dem auch sein mag – 23 **le pin** Kiefer – 25 **en kit** als Bausatz – 26 **une pièce** *ici :* Teil

et me considère exactement comme n'importe quel autre employé de sa compagnie, sans aucun traitement de faveur. C'est un de ces hommes justes et bons, comme il n'en reste plus beaucoup.

Ainsi, lorsque j'arrive au laboratoire en retard cet après-midi, il me hèle depuis son bureau.

– Gaspard, vous arrivez avec dix minutes de retard !

J'apprécie qu'il m'appelle par mon prénom bien qu'étant en colère. C'est une consigne que je donne à tous ceux qui font partie de ma vie. C'est un fait, je ne supporte pas mon nom de famille.

– Excusez-moi, monsieur. J'avais oublié que c'était le carnaval de Montmartre aujourd'hui. J'ai été pris dans la cohue en sortant du magasin.

Je me garde bien de lui dire que je me suis arrêté quelques instants pour prendre de très belles photos de l'événement. Depuis que je me suis mis en tête de photographier tous les Martiens en céramique qui peuplent les murs de Paris, j'ai toujours mon vieil Olympus TRIP 35 à pellicule autour du cou et la tentation est bien trop forte pour ne pas prendre en photo tout ce que je croise sur mon chemin. C'est peut-être le contact prolongé avec les touristes qui me fait en devenir un dans ma propre ville chaque jour un peu plus.

– Ça fait deux fois cette semaine, Gaspard ! Et vous avez toujours une bonne excuse. Tant pis pour vous, ce sera ça en moins que je retiendrai sur votre prochain mois de salaire. Allez travailler, zou !

J'opine du chef sans mot dire et regagne le vestiaire pour enfiler ma blouse.

2 **un traitement de faveur** *f* un privilège – 6 **°héler qn** appeler qn – 9 **une consigne** Anweisung – 13 **la cohue** la foule *(Menschenmenge)* – 19 **une pellicule** Film – 25 **tant pis pour vous** Pech für Sie – 28 **opiner du chef** faire oui de la tête – 28 **un vestiaire** Umkleideraum – 29 **une blouse** Arbeitskittel

La maison rouge

Le contraste entre le laboratoire, un lieu calme, presque trop silencieux, propre, aseptisé, et la boutique de souvenirs de Montmartre, bruyante, agitée, en désordre, surpeuplée, a quelque chose de surnaturel. Le premier ressemble à la Suisse. La seconde, à la Chine.

Chaque jour, je traverse sans passeport la frontière de ces deux mondes dont le sas s'étend sur tout le XVIIIe arrondissement. Un temps d'adaptation est nécessaire. Un peu comme pour écouter à nouveau du Mozart après être rentré d'un concert de Guns N' Roses.

Sur le chemin, j'ai un peu réfléchi au problème d'Einstein et en arrivant au vestiaire, j'ai vite ouvert mon cahier orange et j'ai rajouté, avant d'oublier, une note sous deux des maisons (Verte-Blanche) car *La maison verte est située immédiatement à gauche de la maison blanche.*

Alors que je couche cela sur le papier, tout devient clair. Puisque la maison verte est associée au café, elle ne peut pas se trouver en troisième position : on sait déjà que l'on y boit du lait. La maison verte est donc en quatrième position et la blanche tout à droite. On peut maintenant en déduire que la maison rouge, dans laquelle habite l'Anglais, ne peut être que celle du milieu, puisque la première, qui pourrait aussi correspondre, est habitée par le Norvégien.

Dans ma tête, les idées s'enchaînent à une vitesse folle que mon stylo a bien peine à suivre. Si je n'avais pas entendu des pas dans le couloir, je serais toujours dans le vestiaire à griffonner des mots sous des maisons.

Je m'empresse de cacher le cahier derrière mon dos comme un enfant pris en faute. Mais il est trop tard. Hélène m'a surpris.

– Gaspard ! dit la vieille femme en entrant dans la pièce, tu exagères !

2 **aseptisé** stérile – 7 **un sas** Schleuse

Je pose mon cahier orange sur le banc et en marque la page avec mon stylo siglé *Paris* que j'ai pris au magasin. J'en ai une bonne vingtaine comme ça, éparpillés un peu partout.

Je sors du vestiaire en tenant le bras d'Hélène, bien décidé à résoudre l'énigme d'Einstein dès mon retour.

3 **éparpillé** verteilt

Couleurs et matières

Après trois longues années passées à exercer ce métier, je m'étonne encore qu'un même déodorant puisse laisser des odeurs aussi différentes selon l'aisselle sur laquelle on le pulvérise. Il s'agit peut-être d'un mal nécessaire. Si nous sentions tous pareil, les phéromones, si importantes dans le jeu de la séduction, ne rempliraient plus leur rôle, ce qui pourrait avoir des conséquences dramatiques pour l'espèce humaine. J'ai lu ça sur Internet. Dans le pire des scénarios, les gens ne s'attireraient plus, ils ne se reproduiraient donc plus et nos civilisations finiraient par s'effondrer. Dans le meilleur des cas, on ne ferait plus la différence entre une femme, une benne à ordures et un morceau de Munster. Voilà pourquoi les laboratoires s'évertuent sans cesse à élaborer des produits qui, s'ils transcendent et subliment les odeurs personnelles, ne les annihilent pas pour autant.

J'ai répertorié, dans mon cahier vert, toutes les odeurs qu'il m'a été donné de rencontrer au long de ma carrière.

L'homme blanc, par exemple, émet comme une odeur d'herbe mouillée. Le Blanc obèse, lui, sent le lait caillé. L'homme noir diffuse des senteurs semblables au cuir, à la peau d'animal tannée. Le Noir obèse, pareil. L'Asiatique, lui, sent le plastique. L'Asiatique obèse, je n'en ai jamais vu ni senti. L'Indien, le papier journal. L'homme de l'Est, le ciment. Le Portugais sent la peinture…

Certains sentent tellement fort, et ce même après pulvérisation du déodorant magique, que l'on penserait presque que l'on

9 **s'attirer** sich anziehen – 9 **se reproduire** *ici :* sich fortpflanzen – 10 **s'effondrer** untergehen – 11 **une benne à ordures** Müllwagen – 12 **le Munster** un fromage alsacien – 13 **s'évertuer** sich abmühen – 13 **sans cesse** ununterbrochen – 15 **annihiler** faire disparaître – 16 **répertorier qc** faire une liste de qc – 18 **émettre** *ici :* verbreiten – 19 **mouillé** nass – 19 **obèse** fettleibig – 19 **caillé** *ici :* sauer – 20 **le cuir** Leder – 21 **tanner** gerben

vient de leur appliquer une lotion parfumée à la litière de chat (usagée) sur la peau.

Piqué par la curiosité de toujours sentir les autres, je me suis reniflé, un jour, les dessous de bras. Le trisomique blanc sent la forêt de Fontainebleau, tôt le matin, bien avant la rosée, lorsque les feuilles de chênes et les aiguilles de pins n'ont pas encore revêtu leur collier de perles d'eau. Non, sérieusement, mes aisselles sentent le coton et le polyester, mais ça, c'est quand je porte une chemise.

1 **une litière de chat** Katzenstreu – 5 **la rosée** Tau – 6 **un chêne** Eiche – 6 **une aiguille** Nadel – 7 **revêtir** mettre (un vêtement) – 7 **un collier** (Hals)Kette

Le poulet aux cendres

À 16 h 00, ma montre-calculatrice Casio sonne. Je suis en train de décrire sur une fiche technique ce que je viens de humer sous le bras de Noam. Odeurs agréables de citron, menthe, pastille Vichy, poulet et cendres perceptibles au nez. Il s'agit d'établir la gamme sous-jacente, c'est-à-dire l'organisation thématique des odeurs par rapport à l'étalon olfactif de référence, du nouveau déodorant masculin *Classe*® que souhaite lancer Monsieur Desépaules sur le marché.

Tous les effectifs ont été mobilisés. Dans la petite salle blanche, nous sommes dix « renifleurs » et il y a autant de « reniflés ». Ceux-ci sont debout, torse nu, l'un derrière l'autre en file indienne. Sous leur bras levé, se trouve un employé en blouse. Je comprends que la scène, pour un œil extérieur, ait quelque chose d'insolite. Ou de dégoûtant.

Lorsque la sonnerie officielle de la fin de journée retentit trois minutes cinquante après celle de ma Casio (c'est toujours ça de gagné pour Desépaules), la colonne de cobayes se brise comme autant de militaires heureux de partir en permission.

Noam baisse le bras, me dit au revoir et remet sa chemise. Les neuf autres en font de même avant de partir tous ensemble vers le vestiaire.

Je salue Noam, Pierre, Wilfried, Abdel, Serge, Cyril, Dominique, Walter, Amidou et Léo. Je reste avec les collègues encore un instant pour finir de remplir ma fiche technique. Aujourd'hui, c'est un peu spécial. Il faut donner notre avis sur le nouveau déodorant. Nous sommes dix et nous avons chacun une voix.

les cendres *fpl* Aschen – 2 °**humer** riechen – 3 **la menthe** Minze – 4 **une pastille Vichy** Mineralsalzpastille aus Vichy (Mittefrankreich) – 5 **une gamme** Palette – 5 **sous-jacent** tiefer liegend – 6 **un étalon** *ici :* un standard – 9 **les effectifs** *mpl ici :* les employés – 11 **torse nu** mit nacktem Oberkörper – 14 **insolite** inhabituel – 17 **un cobaye** [kɔbaj] Versuchskaninchen – 17 **se briser** se casser, se défaire – 18 **une permission** *ici :* les vacances

Même si c'est Monsieur Desépaules qui choisit à la fin, il prend toujours en compte notre opinion dans son jugement.

Et plus particulièrement la mienne.

J'écris *Favorable* sur mon papier, car l'échantillon possède une ligne harmonique de senteurs d'une fragilité et à la fois d'une robustesse dignes des meilleurs parfums. Son nom, *Classe*®, est là pour nous le rappeler, d'ailleurs. On est loin du déodorant que l'on se met après la douche du rugby. On est dans la gastronomie olfactive, dans le déodorant que l'on ne met que pour les grandes occasions. On en mangerait.

Je mets ma fiche dans une enveloppe et la donne à la chef de salle. Hélène met discrètement, mais pas trop pour que je m'en rende compte, mon enveloppe sur le dessus du paquet avec un grand sourire, comme si elle cherchait à me séduire. Je suis le seul employé masculin ici.

Au moment où je vais sortir de la pièce, Monsieur Desépaules entre et me fait signe d'y rester. Il s'éclaircit la voix, se donne quelques coups sur la poitrine, puis nous annonce officiellement qu'il prendra l'avion ce soir pour Rio de Janeiro. Il ne nous expose pas le motif de son voyage mais j'imagine que c'est pour trouver des investisseurs ou prospecter le marché brésilien. Il part souvent à l'autre bout du monde à la chasse aux gros contrats. Puisqu'il ne reviendra que la semaine prochaine, il confie, comme à son habitude, la direction du laboratoire à Monsieur Gaulois, son adjoint. À l'évocation de son nom, le petit homme sort de l'ombre de l'athlète comme s'il venait de naître de son dessous de bras. Tout le monde sursaute. Personne ne l'avait vu entrer derrière le physique imposant du charismatique patron. Ce n'est pas surprenant, Gaulois est l'antonyme parfait de Monsieur Desépaules. Il est gris, triste, conservateur, sournois et transpire des mains. On est loin du sportif de haut niveau

4 **un échantillon** Probe – 6 **la robustesse** la force – 17 **s'éclaircir la voix** sich räuspern – 21 **prospecter** *ici :* abtasten – 25 **un adjoint** *ici :* Stellvertreter – 25 **à l'évocation** *f* **de** en entendant – 26 **une ombre** Schatten – 27 **sursauter** aufschrecken – 28 **un physique** un corps – 30 **sournois** hinterhältig

recyclé. Comme il n'a aucune confiance en lui, le petit homme gueule sur tout le monde à longueur de journée, comme un détestable petit caniche au milieu d'une bande de pitbulls silencieux. Il déteste ce métier. Il a toujours rêvé d'être chanteur mais il a la voix d'un enfant de quatre ans. Il nous déteste. Et moi plus que tous ici. Il a peur des gens différents.

Alors que tous les employés tirent une figure de trois mètres et écoutent en silence Monsieur Gaulois rappeler les sempiternelles consignes en l'absence du grand patron, moi, je souris. Hélène me donne un petit coup de coude. Elle doit penser que j'ai un excès d'idiotie mongoloïde. En fait, je souris car je ne suis déjà plus là, à écouter ce sinistre roquet. Je pense à mes petites maisons de couleur et à mon cahier orange qui m'attendent dans le vestiaire, et je me demande bien qui boit de l'eau et élève un zèbre.

2 **gueuler** *fam* crier – 3 **un caniche** Pudel – 9 **sempiternel** sans fin – 10 **le coude** Ellbogen – 12 **un roquet** Kläffer

La marche contre le vent

Si on avait la bouche dans la paume de nos mains, on ne pourrait pas parler en serrant la main aux gens. Ce serait embêtant. D'autant plus que l'on passerait nos matinées à nous embrasser sur la bouche, parfois même avec de sombres inconnus.

Cela s'avérerait en revanche pratique avec maman puisqu'il suffirait de lui prendre la main et de ne jamais la lâcher pour qu'elle se taise enfin.

Il est 16 h 46.

Je viens d'arriver à la maison et je suis dans la cuisine en train de me préparer une tartine à la confiture de cerise.

Maman est kiné libérale (je ne dis pas kinésithérapeute, car je n'arrive jamais à le prononcer). Elle fait donc en gros ce qu'elle veut de sa vie et a décidé, il y a bien longtemps, qu'elle ne travaillerait jamais après 15 h 00.

Bien qu'il soit encore tôt, elle est donc à la maison, dans la cuisine, avec moi.

Maman n'arrête pas de parler. Elle me raconte sa journée, les excentricités de ses patients, les petits soucis qu'ils lui confient dans le cadre du secret médical. Elle ne devrait pas, mais après

1 **la paume** l'intérieur de la main – 5 **s'avérer** sich erweisen – 5 **en revanche** par contre – 11 **libéral** *ici :* freiberuflich

tout, je suis son fils et je ne répète jamais rien. De toute manière, même si je voulais, je ne pourrais pas, car je n'écoute pas.

Maman est une belle femme de cinquante-trois ans, mince, les cheveux longs châtains. À première vue, on la croirait chétive et fragile. C'est l'archétype, j'adore ce mot, de la femme qui attire les hommes et les pousse dans leurs retranchements de mâles protecteurs. J'ai vu des reportages animaliers super intéressants là-dessus. Mais en réalité, c'est une femme décidée, énergique, qui sait ce qu'elle fait et où elle va. Ses minces manches de chemisiers cachent des bras fins mais musclés, capables de détruire, sous leur passage, tout type de contractions musculaires, de boules de nerf et de nœuds. J'en sais quelque chose, elle me donne souvent des gifles qui me dévissent la tête quand je ne suis pas sage. J'ai trente ans mais pour elle, je suis toujours son petit garçon. Quelquefois, j'aimerais qu'elle me considère plus comme un adulte, cela ferait moins mal. Aux joues....

Quand elle me regarde avec ses petits yeux qui pleurent et qu'elle me prend dans ses bras, on dirait une princesse sans défense. Mais lorsqu'elle relâche son étreinte, j'ai la vive impression d'avoir été pris en étau par une pince hydraulique de deux tonnes de pression et que mes côtes sont sur le point d'exploser.

Je ressens sensiblement la même chose lorsqu'elle m'utilise comme cobaye pour tester ses nouvelles techniques de massage. Je m'étonne parfois qu'elle ait encore des clients. Y a-t-il autant de sadomasochistes à Paris ?

Je mange d'abord ma tartine puis je bois mon verre de lait. Je suis assis à la table. Le soleil entre par la porte-fenêtre qui donne sur le jardin. C'est une journée parfaite. Maman est debout,

4 **chétif** schwächlich – 6 **pousser qn dans ses retranchements** *mpl* jdn in die Enge treiben – 9 **une manche** Ärmel – 11 **détruire** zerstören – 12 **une boule** *ici :* Knoten – 12 **un nœud** Knoten – 13 **une gifle** Ohrfeige – 13 **dévisser** *ici :* verdrehen – 19 **une étreinte** Umarmung – 20 **être pris en étau** *m* in der Klemme stecken – 20 **une pince hydraulique** Hydraulikklammer – 21 **la pression** Druck – 21 **une côte** *ici :* Rippe

comme à l'accoutumée. Elle ne s'assoit que lorsque l'on déjeune et que l'on dîne, et encore, parce que papa l'y contraint. Elle me parle tout en sirotant un jus de carottes. Elle ne sait même pas si je l'écoute. Elle s'en fiche. D'ailleurs, je ne l'écoute pas. Je lis le journal qu'a laissé papa sur la table avant de partir au travail ce matin.

Le jour où j'ai appris, sur ce même journal, que mon idole Michael Jackson s'était inspiré d'un mime français pour créer son célèbre *moonwalk*, j'ai lâché ma tartine à la confiture de cerise sans regarder de quel côté elle tombait, j'ai laissé maman raconter sa vie devant son jus de carottes et j'ai filé dans ma chambre à la recherche de plus d'informations sur le sujet.

Avant toute chose, je me rappelle avoir noté la découverte dans mon cahier vert, parce que j'ai trouvé à ce moment-là, que c'était une excellente nouvelle, même si cela faisait tomber un peu Michael de son piédestal, car je pensais que l'idée était de lui.

Une fois acquitté de cette tâche, j'ai allumé mon iMac et je me suis lancé dans mes recherches internautes tel un détective. Je n'ai pas tardé à tomber, après quelques clics seulement, sur le site Youtube qui proposait un extrait en noir et blanc de *La marche contre le vent* exécutée par un certain Marcel Marceau sur lequel on pouvait voir un homme aussi mince qu'un fil de fer au visage grimé en Pierrot lutter contre une bourrasque de vent imaginaire.

Cette technique se voulait elle-même inspirée, selon certains commentaires, de *La marche sur place* d'Etienne Decroux, professeur de mime français. Plus je remontais dans le temps, au fil de ces vidéo qui jalonnaient mes investigations, et plus je

1 **à l'accoutumée** d'habitude – 2 **contraindre qn** obliger qn – 3 **siroter** boire lentement – 4 **se ficher de qc** *fam* qc est égal à qn – 11 **filer** *fam* aller vite – 16 **un piédestal** Sockel, Podest – 18 **une fois acquitté de cette tâche** après avoir fait ce travail – 23 **un fil de fer** Eisendraht, *ici :* Bohnenstange – 24 **grimer** schminken – 24 **Pierrot** männliche Figur des französischen Theaters – 24 **lutter** se battre – 24 **une bourrasque** Bö – 29 **jalonner** abstecken

réalisais que Michael Jackson n'avait rien inventé de nouveau. Au début, je lui attribuais au moins le glissement vers l'arrière, car, à la différence du Roi de la Pop, les mimes français se limitaient, eux, à faire du surplace sur la scène lustrée d'un plateau de télévision, ce qui n'était déjà pas une mince affaire pour l'époque (1961). Mais lorsque j'ai visionné la vidéo de 1932 (!!) d'un certain Afro-Américain nommé Cab Calloway exécutant un parfait *moonwalk* en tout point similaire à celui que réaliserait Michael Jackson cinquante ans plus tard lors de sa première interprétation de *Billie Jean*, j'ai définitivement cessé de prendre le Roi de la Pop pour l'inventeur de ce pas. Il y a parfois un fossé énorme entre ce que l'on croit savoir et ce qu'il en est réellement.

La personne qui avait mis la vidéo en ligne, un certain castorkavlinsky27, que j'avais identifié comme étant polonais par le nom et les commentaires pleins de « sky », et de « witz », aiguillait l'internaute vers le lien d'un tutorial où il expliquait en détail comment reproduire le mouvement.

Cinq minutes avant, soit cent cinquante battements de cœur, je n'avais jamais entendu parler ni de Cab Calloway ni du mime Marceau, et voilà que maintenant, sans doute comme les 34 890 256 Terriens qui avaient visionné cette vidéo avant moi, je m'étais lancé, devant le miroir, dans une version moderne et personnelle du *moonwalk* que j'avais rebaptisé aussitôt *marche du mec qui a marché sur une crotte de chien et tente de l'essuyer.*

En effet, si mes parents étaient entrés à ce moment-là, ils auraient certainement cru que j'avais marché sur un excrément en revenant du travail et que j'étais en train d'essuyer l'épaisse semelle de crêpe de mes chaussures sur la moquette.

2 **attribuer qc à qn** *ici :* jdm etw zuschreiben – 4 **lustré** brillant – 10 **cesser** arrêter – 12 **un fossé** Kluft – 17 **aiguiller** [egɥije] diriger, orienter – 25 **une crotte** *ici :* Kot – 29 **une semelle** Sohle – 29 **la moquette** Teppichboden

Au bout d'un certain moment passé à patauger sur place, j'avais pris conscience, en me regardant dans le miroir, que mon poids ne me permettrait jamais de flotter sur le sol comme mon idole.

Je n'étais pas énorme non plus, bien que ma nuque et quelques autres traits de ma symétrie corporelle soient assez développés, mais je l'étais assez pour ne pas pouvoir me hisser longtemps sur la pointe des pieds, condition *sine qua non* pour réaliser un bon *moonwalk*.

À la fois déçu mais motivé, je m'étais rassis devant mon ordinateur et avais entré *poids* dans le moteur de recherche de Google. Méthodiquement, comme un général qui se prépare à une guerre imminente, j'avais examiné un par un les résultats qui s'étaient affichés sur la première page. L'historique de l'unité de mesure sur Wikipedia, les régimes Dukan, Montignac et autres, l'épreuve olympique, le mot *poids* revêtait une batterie impressionnante de sens et de réalités différentes.

J'aurais pu entrer les mots-clés *régime-poids-trisomie 21*, mais mes parents, qui surveillaient fréquemment l'historique de mes recherches sur Internet, bien que je réussisse à en effacer une bonne partie, n'auraient certainement pas apprécié. Utilisé seul, le mot *poids* restait générique et n'attirait pas tant que ça l'attention.

Voilà comment j'avais découvert la deuxième information de haute importance de cette journée : notre poids change en fonction de notre situation géographique sur Terre.

Abasourdi, je l'avais noté dans mon cahier vert.

J'avais trouvé cela à la quarantième page. La majorité des gens ne dépassent pas la première page de résultats, mais ils seraient surpris de voir tout ce que l'on peut trouver dans les autres. Et

1 **au bout de qc** à la fin de qc – 1 **patauger** *ici :* sich abstrampeln – 3 **le poids** Gewicht – 3 **flotter** schweben – 5 **la nuque** Nacken – 7 **se °hisser** *ici :* sich stellen – 13 **imminent** qui va arriver très bientôt – 15 **un régime** *ici :* Diät – 16 **une épreuve** *ici :* Wettkampf – 16 **revêtir** *ici :* avoir – 16 **une batterie de qc** une quantité de qc – 22 **un mot générique** Oberbegriff – 25 **en fonction de** je nach – 27 **abasourdi** verblüfft

plus on va loin, plus on trouve des trucs que personne ne sait et dont tout le monde se fiche, d'ailleurs. Un peu comme les chineurs qui se lèvent tôt le matin pour débusquer des trésors dans les brocantes.

Cette pièce rarissime sur laquelle j'avais donc mis la main était un article scientifique écrit par un certain Paul Wright et traduit en langue française, qui racontait une étonnante expérience. Il y avait quelques mois, trois docteurs en physique américains avaient fait voyager un nain de jardin tout autour du monde, un peu comme dans le film d'*Amélie Poulain*, afin de démontrer que la gravité terrestre varie en fonction de l'endroit où l'on se trouve sur le globe. Ainsi, à chaque étape de leur voyage, les physiciens avaient pesé le même nain de jardin sur la même balance portable, laquelle, contre toute attente, avait affiché, à chaque fois, un poids sensiblement différent. 308,66 grammes à Londres, 308,54 à Paris, 308,23 à San Francisco, 307,8 à Sydney et 309,82 au Pôle Sud.

Un court calcul mental m'avait amené à la conclusion que l'on était plus léger en Australie, observation qui avait aussitôt motivé l'impérieuse nécessité d'un imminent déménagement à Sydney, où il me serait plus facile d'exécuter le *moonwalk* ou *La marche contre le vent* qu'à Paris.

Je me souviens m'être pris à rêver d'un endroit sur la Terre où la trisomie serait, de la sorte, atténuée. Je m'y étais imaginé, dans un corps et une tête normaux où je pourrais couler des jours heureux jusqu'à une mort très lointaine.

Lorsque j'avais commenté, au repas du soir, mon souhait de nous exiler un temps en Australie, maman avait esquissé un tendre et maternel sourire, comme elle avait l'habitude de le faire chaque fois que je disais une bêtise. Mon père, lui, avait

3 **un chineur** qn qui va dans des brocantes *(Trödelmärkte)* pour acheter (puis revendre) des objets de toutes sortes – 3 **débusquer** trouver – 5 **rarissime** très rare – 5 **mettre la main sur qc** trouver qc – 9 **un nain de jardin** Gartenzwerg – 11 **la gravité** *ici :* Schwerkraft – 13 **peser** wiegen – 14 **une balance** Waage – 20 **impérieux** *ici :* absolu – 24 **atténuer** diminuer *(mindern)*

planté sa fourchette dans sa pomme de terre fumante et avait refusé tout de go. Mais quand maman l'avait regardé avec ses yeux lance-flammes, il avait soupiré avant de me rappeler qu'il était fonctionnaire et qu'il avait donc la possibilité de demander un poste à l'étranger. Je lui avais fait promettre d'y réfléchir, maman l'avait embrassé et j'avais pris sa proposition on ne peut plus au sérieux.

Le silence se fait soudain autour de moi. Je lève les yeux du journal et je m'aperçois que maman a fini son jus de carottes et qu'elle est sortie de la cuisine, dont les carreaux ont pris un aspect orangé avec les derniers rayons de soleil.

Aujourd'hui, je n'ai rien trouvé d'intéressant dans le journal, du moins, rien qui ne vaille la peine que je l'inscrive dans un cahier vert ou rouge.

J'entends maman parler dans le salon. Et puisqu'elle n'est pas encore folle, j'en déduis que papa est rentré du travail.

2 **tout de go** *fam* directement – 3 **soupirer** seufzen – 4 **un fonctionnaire** Beamter – 10 **un carreau** *ici :* Kachel

On veut tous gagner des millions

Dans quelques heures, ma vie changera du tout au tout, mais je ne le sais pas encore. Pour l'instant, je suis affalé dans le sofa. Papa et maman sont en pleine conversation à côté de moi. Mais je ne les écoute pas. Je suis insouciant, voire heureux, car sur le chemin de la maison :

1. J'ai découvert un nouveau Martien composé de soixante carreaux de céramique blanche, vingt de céramique rouge, et huit de céramique bleue. J'en ai pris trois clichés dont un sur lequel j'ai réussi à faire poser une jolie touriste espagnole qui pointe son doigt vers l'œuvre d'art.

2. J'ai résolu l'énigme d'Einstein en un peu moins d'une heure, temps qu'il me faut, en métro, pour atteindre le Quartier latin depuis le laboratoire. Je doute que seuls 2 % de la population puissent donner une réponse à ce casse-tête, puisque j'ai réussi à le faire, et je ne me sens pas plus intelligent de savoir maintenant que le diplomate norvégien boit de l'eau et que l'Islandais, qui vit dans la maison verte, élève un zèbre.

Je l'ai déjà dit, papa est professeur de dessin. Il exerce depuis trente ans dans un collège huppé de la capitale. C'est la seule personne que je connaisse capable de réaliser un cercle parfait à main levée. Je demande parfois aux gens que je rencontre d'en dessiner un au crayon sur mon cahier orange. J'en ai maintenant une collection qui s'étale sur une trentaine de pages mais aucun

2 **affalé** zusammengesunken – 4 **insouciant** sorgenfrei – 8 **un cliché** *ici :* une photo – 19 °**huppé** *ici :* pour les riches – 21 **à main levée** sans l'aide d'instruments

Elle s'appelle Patricia et vient de Grenade.

ne surpasse celui que papa a tracé sur la première. Lorsque je le montre comme modèle, tout le monde pense qu'il a été dessiné au compas. Pour cette raison et même s'il n'a jamais eu

1 **surpasser qc** être meilleur que qc – 3 **un compas** Zirkel

l'occasion de faire la guerre ou de sauver des vies dans un tremblement de terre, pour moi, mon père est un héros.

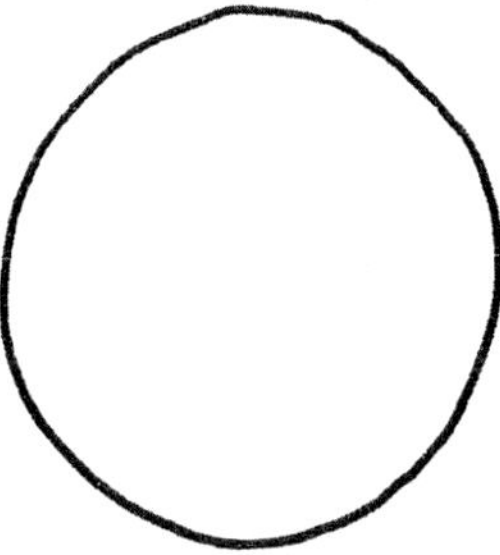

Je suis fils unique. Quelquefois, je regrette de ne pas avoir un petit frère ou une petite sœur, mais mes parents n'ont jamais voulu d'un autre enfant. Pourquoi ?

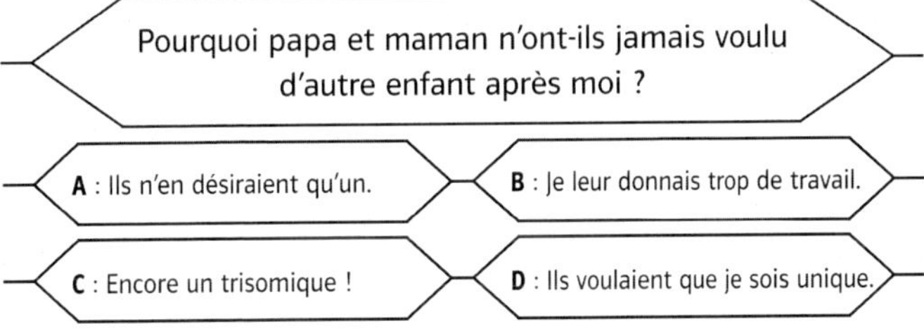

Je ne sais pas si c'est cela, je ne leur ai jamais demandé et ne le ferai jamais, mais j'ai toujours penché pour la dernière option. Mes parents m'aiment plus que tout et je sais que c'est ce qu'ils répondraient. Ils voulaient que je sois unique, que je sois le seul objet de leur amour. Réponse D. C'est mon dernier mot, Jean-Pierre.

J'aime penser que je suis différent, mais dans le bon sens du terme. Et comme je suis unique, je m'invente parfois des choses

2 **un tremblement de terre** Erdbeben – 7 **pencher pour qc** zu etw tendieren

bien à moi que je ne partage avec personne, pas même avec mes amis ou mes parents.

Je réinvente les unités de mesures, les unités de poids, de distance de mon monde. Si je suis rêveur, je n'en reste pas moins réaliste et je réinvente mes lois de la physique à la grandeur de mes fantasmes.

Par exemple, j'ai pris pour plus petite unité de temps le battement de mon cœur, qui correspond à peu près à deux secondes. Je peux par exemple rester vingt battements de cœur (Bdc) sous l'eau sans respirer, soit quarante secondes. Ou encore, l'œuf doit cuire deux cent quarante Bdc (huit minutes) pour devenir dur. Vient ensuite, le Lyon-Valence, distance qui se parcourt en une heure en voiture ou en train et qui désigne de ce fait une durée d'une heure. Par exemple, un film au cinéma dure généralement deux Lyon-Valence (sans « s », c'est invariable). On passe ensuite au petit-déjeuner, qui correspond à un jour. Moi, par exemple, je travaille cinq petits-déjeuners à la semaine. Le week-end est composé de deux petits-déjeuners. Quelquefois, pour éviter les répétitions, j'emploie le terme de rotation terrestre pour désigner une journée. Il y a trois rotations terrestres, nous étions samedi. Enfin, il y a la déclaration d'impôt qui marque le passage des années, car papa m'a dit qu'il y en avait une tous les ans. C'est lui qui s'occupe de la mienne, même s'il faudra bien que je m'y mette un jour.

Je suis donc né il y a trente déclarations d'impôt, quinze petits-déjeuners (ou quinze rotations terrestres), trois Lyon-Valence et neuf battements de cœur. Ce formidable événement a eu lieu à la maternité de l'hôpital pédiatrique Robert Debré, dans le XIXe arrondissement de Paris.

En revenant dans la chambre après m'avoir lavé et fait tous les examens et mesures, il paraît que la sage-femme a annoncé d'une voix guillerette à mes parents que j'étais « un

21 **une déclaration d'impôt** Steuererklärung – 28 **pédiatrique** für Kinder – 31 **une sage-femme** Hebamme – 32 **guilleret** joyeux

magnifique bébé de 3,750 kg, soit l'équivalent de quinze baguettes françaises ». J'en ai fait mon unité minimale de poids.

Après le dîner, je monte directement dans ma chambre. Je ne ferai pas de vieux os ce soir. Je jette un coup d'œil à l'édition de poche de *Hamlet* posée sur ma table de nuit. C'est la quatrième fois que je le lis. Laurence Olivier me regarde avec un drôle d'air triste. Mais ce soir, je lui préfère *Tintin et le Temple du Soleil*, que j'ai déjà lu vingt fois, mais sur lequel je pourrai m'endormir tranquillement.

Un jour, je me suis rendu compte que quel que soit l'album, l'intérieur du visage de Tintin n'était réalisé qu'à partir de 6 traits de crayon. 6 traits seulement. Deux petits arcs pour les sourcils, deux points pour les yeux, une boucle pour le nez et une virgule pour la bouche. Durant toute sa vie, Hergé n'a joué que sur ces 6 éléments pour faire passer l'ensemble des expressions humaines sur le visage de son personnage : joie, colère, étonnement, tristesse…

Après quelques vignettes, ma tête dodeline et je m'endors sans me douter un seul instant que dans une rotation terrestre, ma vie ne sera plus la même.

4 **ne pas faire de vieux os** *expr ici :* se coucher tôt – 18 **dodeliner** bouger de-ci de-là

Mille singes

Puisque *Hamlet* est la dernière chose que je vois en éteignant ma lampe de chevet, il est bien normal que j'en rêve.

Dans mon rêve, je vois mille singes taper frénétiquement sur des machines à écrire. L'action se passe dans un atelier clandestin du cœur fumant de Londres. Un homme en costume d'époque, que j'identifie comme William Shakespeare, inspecte le travail de ses animaux. Il les a chargés de taper sur les claviers de manière aléatoire. De toute façon, il ne pourrait en être autrement car les primates sont, par définition, illettrés. Soudain, le dramaturge anglais glisse sur une peau de banane que l'un des singes a jetée là, insouciamment, durant sa pause déjeuner. Il exécute alors sa toute première ébauche de *moonwalk*.

Je me réveille. Il est 02 h 00 du matin.

Pris d'une crise de curiosité boulimique, j'allume l'ordinateur.

C'est Félix Émile Borel, un mathématicien français, qui a évoqué, pour la première fois dans sa *Mécanique statistique et irréversibilité*, en 1913, la probable conséquence d'engager un million de singes pour taper aléatoirement sur des machines à écrire : *le paradoxe des singes savants*.

En gros, c'est un postulat qui veut que des milliers de singes tapant frénétiquement des lettres au hasard sur des milliers de machines à écrire finiraient par composer inexorablement le texte d'*Hamlet* de Shakespeare.

Cette théorie me parle tout de suite, d'autant plus que j'ai toujours pensé, moi-même, que l'existence n'est rien d'autre qu'une suite aléatoire d'événements mélangés dans plusieurs paquets de cartes qu'un croupier imaginaire, certains l'appellent

un singe Affe – 2 **une lampe de chevet** Nachttischlampe – 5 **clandestin** illégal – 7 **charger qn de faire qc** jdn damit beauftragen etw zu tun – 7 **un clavier** Tastatur – 8 **de manière aléatoire** willkürlich – 9 **illettré** analphabète – 10 **un dramaturge** un auteur de pièces de théâtre – 11 **insouciamment** sorglos – 12 **une ébauche** *ici :* Entwurf – 17 **engager** einstellen – 22 **inexorablement** unweigerlich

Dieu, sortirait au fil de notre vie. Il y a peu, j'ai appris un truc incroyable. Si on mélange un jeu de cinquante-deux cartes, l'ordre des cartes que l'on obtient est unique et n'est très probablement jamais sorti dans toute l'histoire de l'humanité ! Un jeu de cinquante-deux cartes peut se mélanger de $8{,}06 \times 10^{67}$ manières différentes, soit un nombre à soixante-huit chiffres...

L'inventeur de la théorie des singes aurait pu choisir un autre exemple que celui de Shakespeare. Les singes auraient ainsi pu écrire la Bible, blasphème à part, ou n'importe quel autre livre ou production littéraire humaine. Cependant, pour une raison qui lui reste propre, l'auteur a choisi *Hamlet*, qui se trouve exactement être le livre que je lis en ce moment. Est-ce un signe ? « Signe » est l'anagramme de « singe »...

Les gens qui perdent leur temps à démontrer des théories futiles dont tout le monde se fout, comme celle-là, me passionnent. Le sommeil m'a quitté et il ne me faut que quelques heures, quelques Lyon-Valence, pour dévorer tout ce que l'homme a produit sur la théorie des singes.

Sur un site intitulé *le simulateur de singe shakespearien*, je lis qu'un homme a lancé, en 2003, une simulation mettant en œuvre une grande population de singes dactylographiant sur un clavier de manière aléatoire. Parallèlement à cela, en 2003 encore, des étudiants américains ont réalisé une expérience avec de vrais singes, cette fois-ci, des macaques à crête de Sulawesi. Pendant un mois, ils leur ont laissé un clavier d'ordinateur à disposition dans leur cage. À l'expiration du délai imparti, les singes n'ont produit que cinq pages, presque entièrement couvertes de S (de « Shakespeare » ? de « singe » ?). Les primates ont également détruit le clavier à coups de pierre avant d'uriner et déféquer dessus. On est loin du romantisme shakespearien !

15 **futile** sans importance – 21 **dactylographier** écrire sur une machine à écrire – 24 **un macaque à crête** *f* Celebes / schwarz crested Makak (Macaca Nigra) – 24 **Sulawesi** une île d'Indonésie – 25 **à disposition** zur Verfügung – 26 **l'expiration** *f* Ablauf – 26 **un délai** Frist – 26 **imparti** festgesetzt – 29 **déféquer** den Darm entleeren

Je ferme les yeux et commence à taper de manière aléatoire sur mon clavier. Cinq minutes plus tard, les doigts en compote, je stoppe l'exercice, trouvant cela bien trop ennuyeux et dangereux.

Impatient, j'ouvre les yeux et je regarde le résultat qui brille comme mille étoiles dans l'obscurité de ma chambre :

vjqvnavvaegfqywterowuwgffvbndvbajhvsapq
figiuyufreqsfgahsjdofiuytredxcvbnmklpoiuy
trewasdfghjkjmnbvcxzsdfghjkloiuytresdfghj
kmnbvcxsedrtyuioo9876trfds2cfvghjuygtfds
xcvbnmjk2lkjhbvfgtyhujkijhgfdsxcvbnjkloiu
ytrdew278oiuygtfvbnjkoliuytrfghjkjhgrezgb
bùaqegjeihbjtrhnbretvaohlofehbtoabovbbe
brewcacbcaqufqfpvdbcbbcdvgcdcbdccfqeyr
fgeruguqfvjhasdjhvcbcxnssaqwsrtyuiokjhgf
dxcvbnjhgfrtyuikjhgfvdbncocwchwegcbscxn
sasplkmnjiuy236ryfeuhfbjkavfberqfewvydhj
khcsbdspc,qw`ñlmqnwdvcuvccnwcwycqwcw
chshvwroibuirbutwtrqsfgahsjdofiuytredxcv
bnmklpoiuytrewasdfghjkjmnbvcxzsdfghjklo
iuytresdfghjkmnbvcxsedrtyuioo9876trfecgq
erhjbpqùbnqùrobvnfvifqqruqbuvbqmvubqu
rvbqqwsdfgqeehbmoqjhvqoihvhqvqnqoihhq
revvhdhvfhvfvnqziehnùairnbvnbebrztyejuii
ordbvqfqdgvqezharehbakfbnqdp'aauijf<qvo
qsjvgqpidfbgùfdqnqgbjwjklbjrtjhezjnxjnkxn
oja^*rezgbnsoifbisthjbùaqegjeihbjtrhnbret
vaohbobohbtoabovbbebrewcacbcaqufqfpvd
bcbbcdvgcdcbdccfqeyrfgeruguqfvjhasdjhvc
bcxnssaqwsrtyuiokjhgfdxcvbnjhgfrtyuikjhgf
vdbncocwchwegcbscxnsasplkmnjiuyhqqfwv
dcwvwchjabhqwsdrftuqihdgvsxbabcvwedqo
pwdhqwdjwqd093287ydhjkhcsbdspc,qw`ñlm
qnwdvcuvccnwcwycqwcwchshvwroibuirbutw
panneaujvhbwjvbemvwpev`wtgwghvbnkmvm

mproiuytresdfghjklsjnbvcdfghjiduytchjhvsperq0fjfnfc1n4f98fvuervbenewpverhvuryrpvjjvjakbvvbmnk<ad`f`ñmcdmmvcn.nsvwofpwjfv`wq´vjnvndc,mbsvasvhqpvq`vjqvnavvaegfqywterowuwgffvbndvbajhvsapqfigiuyufreqsfgahsjdofiuytredxcvbnmklpoiuytrewasdfghjkjmnbvcxzsdfghjkloiuytresdfghjkmnbvcxsedrtyuioo**robot**876trfds2cfvghjuygtfdsxcvbnmjk2lkjhbvfgtyhujkijhgfdsxcvbnjkloiuytrdew278oiuygtfvbnjkoliuytrfghjkjhgrezgbbùaqegjeihbjtrhnbretvaohhbtoabovbbebrewcacbcaqufqfpvdbcbbcdvgcdcbdccfqeyrfgeruguqfvjhasdjhvcbcxnssaqwsrtyuiokjhgfdxcvbnjhgfrtyuikjhgfvdbncocwchwegcbscxnsasplkmnjiuy236ryfeuhfbjkavfberqfewvydhjkhcsbdspc,qw`ñlmqnwdvcuvccnwcwycqwcwchshvwroibuirbutwtrojvhbwjvbemvwpev`wtgwghvbnkmvmmproiuytresdfghjklsjnbvcdfghjiduytchjhvsperq0fjfnfc1n4f98fvuervbenewpverhvuryrpvjjvjakbvvbmnk3456yghjklkjnhbgvfcdswertyuiopolkmjnbvcxdsdrtreghgfghgvbvcbnmkl**poil**klñkjhgfdsfsaswqertgyhujikop`+´.,mjuioiuytfgvbhnjklñ`´ñplokjhytgrfghiuytr56ytrewsdfgwefobebrewcacbcaqufqfpvdbcbbcdvgcdcbdccfqeyrfgeruguqfvjhasdjhvcbcxnssaqwsrtyuiokjhgfdxcvbnjhgfrtyuikjhgfvdbncocwchwegcbscxnsasplkmnjiuy236ryfewq´vjnvndc,mbsvasvhqpvq`vjqvnavvaegfqywterowuwgffvbndvbajhvsapqfigiegwdfshsfhgsytuyolei

Sur 2 273 lettres tapées au hasard (il suffit de sélectionner le texte et d'aller dans l'onglet *Outils* dans Word, puis *Statistiques* pour voir s'afficher le nombre de lettres), j'ai réussi à former

31 **l'onglet** *ici* : la rubrique

trois mots : panneau, robot, poil. Je ne suis pas sûr que l'on retrouve ne fut-ce qu'un de ces trois mots dans le texte intégral d'*Hamlet*.

Si Félix Emile Borel n'était pas mort le 3 février 1956 à Paris et si je l'avais devant moi à cet instant, dans ma chambre, je lui dirais : « Les singes n'écrivent pas que du Shakespeare, ils écrivent surtout n'importe quoi ! »

Virtuellement donc, la probabilité qu'un singe reproduise avec exactitude un livre comme *Hamlet* est donc infime mais pas nulle.

Tout aussi virtuellement, je me demande de combien peut être la probabilité pour que mes deux patrons soient victimes le même jour d'un accident.

Un sur dix mille ? Un sur cent mille ?

Prenez ce chiffre, multipliez-le par mille et vous obtiendrez la probabilité pour qu'ils meurent dans le même accident.

Je n'y aurais jamais cru si je n'avais pas vu les photos de Rachid et de Monsieur Desépaules dans le même reportage, quelques heures après, au flash info de 11 h 00 du matin.

Point de convergence

Entendre le nom de Rachid Hellaouche et Pierre Desépaules dans la même phrase a quelque chose d'irréel. Cependant, c'est bien leur nom que le présentateur du flash info vient de prononcer et c'est bien leur photo que je vois sur l'écran de notre télé.

Je suis seul à la maison, comme dans le film avec Macaulay Culkin, l'enfant acteur le mieux payé de tous les temps et parrain de deux des enfants de Michael Jackson, sauf qu'aucun cambrioleur n'essaiera de me dévaliser pendant les fêtes de Noël. C'est trop tôt, on est en automne.

J'augmente le volume du téléviseur.

Hier soir, un avion d'Air France à destination de Rio de Janeiro s'est écrasé sur la A1 quelques minutes après avoir décollé de Charles de Gaulle. Rachid Hellaouche roulait sur l'autoroute en direction de son domicile à Tremblay-en-France lorsqu'il a reçu, sur le pare-brise de son break familial et donc en pleine face, le réacteur gauche IAE V2500-A1 de deux tonnes de l'Airbus A320 en question.

Je comprends maintenant pourquoi j'ai trouvé le rideau métallique baissé ce matin lorsque je suis arrivé au magasin. Je comprends maintenant pourquoi à 10 h 00 du matin, alors que des milliers de touristes arpentaient déjà les rues de Montmartre, j'attendais toujours Rachid à la terrasse d'un café. Je comprends maintenant pourquoi tous mes SMS et mes appels sont restés sans réponse. Je comprends maintenant pourquoi j'ai attendu, attendu et, comme dans la chanson de Joe Dassin, il n'est jamais venu.

Je reste abasourdi devant le téléviseur.

la convergence Zusammenlaufen – 7 **un parrain** Pate – 9 **un cambrioleur** un voleur – 9 **dévaliser qn** jdn ausrauben – 13 **s'écraser** *ici :* verunglücken – 13 **la A1** le nom d'une autoroute – 13 **décoller** abfliegen – 16 **un pare-brise** Windschutzscheibe – 16 **un break** Kombiwagen – 19 **un rideau métallique** Metallgitter – 22 **arpenter un lieu** marcher à grands pas dans un lieu

En quelques secondes, j'ai perdu Rachid, mais j'ai également perdu Monsieur Desépaules, dont j'aurais préféré apprendre le prénom dans d'autres circonstances.

Cela me fait bizarre de penser que je ne les reverrai plus jamais. Dans un premier temps, je ne pense pas à mon avenir professionnel, qui vient sacrément d'en prendre un coup, je pense à ces deux hommes dont je ne savais pratiquement rien et dont la mort donne soudainement, aussi paradoxal que celui puisse paraître, une dimension humaine que je ne considérais même pas lorsqu'ils étaient encore vivants. Je prends conscience que Monsieur Desépaules et Rachid avaient sûrement des enfants, une femme, des parents qui les aimaient et qu'ils aimaient. Je les imagine en ce moment, détruits, anéantis par la nouvelle, pleurant toutes les larmes de leur corps et de leur cœur.

Je prends une photo du téléviseur avec le titre en gros de la nouvelle afin d'immortaliser l'instant. J'ai bien fait, le présentateur passe à la météo sans prévenir.

J'éteins le téléviseur avant de lever les yeux vers le plafond. Comme Superman, mon regard traverse le béton, ma chambre, puis le toit de la maison et je me perds dans les nuages. Au moment où je fais cela, cinq cent mille personnes volent dans le ciel à plus de huit cents kilomètres par heure, à onze kilomètres d'altitude, dans une structure en métal d'environ quarante-cinq tonnes.

C'est le moyen de transport le plus sûr au monde. D'ailleurs, les probabilités de mourir dans un avion sont d'une sur un million. En plus, 90 % des accidents ont des survivants. Ce qui est arrivé à mes patrons était donc hautement improbable. Mais pas nul, un peu comme l'histoire des singes de Shakespeare.

Comme si j'étais un petit diablotin monté sur ressort caché dans une boîte dont on vient d'ouvrir le couvercle, je saute du

13 **anéanti** niedergeschmettert – 19 **un plafond** Decke – 31 **un diablotin** un petit diable – 31 **un ressort** Sprungfeder – 32 **un couvercle** Deckel

sofa et monte les escaliers quatre à quatre. J'ouvre l'armoire de ma chambre et en sors un gros carton rempli de cahiers. Après quelques minutes, je tombe sur l'information que je cherchais, une étude que j'ai faite le 18 avril 2011. J'ai écrit, dans un de mes cahiers verts, des techniques de survie en cas d'accident d'avion : porter un pantalon long, une chemise ou un tee-shirt à manches longues et des chaussures confortables. Les vêtements amples sont à bannir car ils pourraient se prendre dans les obstacles et l'espace confiné du fuselage limite les mouvements. S'habiller pour prendre un vol, ce n'est pas prendre en compte seulement la température d'arrivée. La preuve, Monsieur Desépaules se rendait à Rio, il aurait été normal qu'il voyage en chemisette pour ne pas dépareiller en arrivant à destination. Mais les règles de survie stipulent qu'il ne faut pas omettre les pays ou les zones que l'on va survoler durant le voyage. Les eaux de l'océan Atlantique sont glaciales. Un amerrissage en short et en tee-shirt n'augurerait pas de grandes chances de survie dans cet élément hostile. Il faut donc toujours prendre une grosse veste car vous en aurez besoin si vous survivez à l'accident, que vous vous écrasiez sur l'eau ou sur la terre ferme. En plus, elle vous protègera durant le choc contre les coupures ou les coups. Choisir de préférence un vêtement en coton, moins inflammable.

Je n'ai jamais pris l'avion mais le jour où cela arrivera, je n'oublierai pas ma doudoune dans la cabine et tant pis si les gens se moquent de moi parce que l'on va à Marrakech.

Le point de convergence fatal de la destinée de mes deux patrons me fait immédiatement penser aux contrôleurs aériens. La différence entre les contrôleurs militaires et ceux qui régulent

8 **ample** large – 8 **bannir** exclure – 9 **confiné** étroit *(eng)* – 9 **un fuselage** Flugzeugrumpf – 13 **une chemisette** une chemise à manches courtes – 13 **dépareiller** *ici :* avoir l'air différent des autres – 14 **stipuler** *ici :* dire précisément – 15 **omettre** oublier – 17 **un amerrissage** Wasserlandung – 17 **augurer** pronostiquer – 18 **hostile** feindlich – 22 **une coupure** Schnittwunde – 25 **une doudoune** Daunerjacke – 27 **la destinée** Schicksal – 28 **un contrôleur aérien** Fluglotse

le flux des avions commerciaux, c'est que les premiers sont formés pour faire converger les avions de chasse entre eux sur un même point, alors que les seconds le sont pour, au contraire, éviter les conflits entre aéronefs et faire qu'ils ne se croisent jamais.

C'est pas de leur faute, là, aucun contrôleur aérien, civil ou militaire, n'a été entraîné pour éloigner le plus possible un Airbus A320 d'un break familial.

2 **un avion de chasse** Jagdflugzeug – 4 **un aéronef** Luftschiff

Soixante-huit

Il est 12 h 55.

Pour une fois, j'arrive au travail à l'heure, même un peu en avance.

Il règne dans le laboratoire une effervescence comme je n'en ai jamais vue dans ce havre de paix.

– Tu n'es pas au courant ? me dit Hélène dès qu'elle me croise. Maintenant que Monsieur Desépaules n'est plus là, c'est Gaulois le nouveau PDG et il paraît qu'il va licencier du monde cet après-midi.

Elle se met à pleurer. Ce n'est pas parce qu'elle a peur de se faire virer ou parce que maintenant que Gaulois a pris la direction de cette entreprise, notre vie va être un véritable enfer, mais parce qu'elle regrette Monsieur Desépaules, parce que c'était un brave homme.

Je me mets à pleurer aussi. Je ne peux m'empêcher de penser à ce qu'il a fait pour moi. Me considérer comme les autres employés, me considérer comme un homme, un adulte. La vie est mal faite. C'est toujours les bonnes personnes qui partent en premier. Peut-être parce qu'il y a une vie merveilleuse après la mort et qu'ils la méritent avant nous tous ? En tous cas, Gaulois aurait dû carboniser un petit peu dans un avion en flammes ou se recevoir un réacteur de A320 sur le coin de la figure. Cela lui aurait fait du bien, je pense.

Une demi-heure après, nous voilà tous convoqués dans la salle où l'on renifle les aisselles des beaux gosses. On est aligné sur deux rangs, un peu à la manière d'un peloton d'exécution. D'exécutés plutôt.

4 **l'effervescence** *f ici :* l'agitation – 5 **un °havre de paix** Oase des Friedens – 8 **un PDG** *abrév de* président-directeur général – 8 **licencier** entlassen – 10 **se faire virer** *fam* entlassen werden – 12 **l'enfer** *m* Höhle – 20 **mériter** verdienen – 21 **carboniser** brennen – 24 **convoquer qn** jdn bestellen – 26 **un peloton d'exécution** *f* Exekutionskommando

Gaulois, que le deuxième rang a du mal à voir tant il est petit, déplie une feuille de papier et se lance dans un grand discours solennel. Il regrette le départ si rapide de notre président mais s'engage à respecter la vision de son prédécesseur et à maintenir l'entreprise exactement dans la même ligne qu'avant, comme si l'homme ne nous avait jamais quittés. Pour cela, il se voit donc dans l'obligation de licencier quelques personnes, car il pense, personnellement, qu'il n'y a pas besoin d'autant de renifleurs.

Le premier nom résonne comme un coup de canon. Surtout pour moi, car c'est le mien. Suivent Mireille, Bernadette, Micheline et… Hélène. En gros, les personnes qu'il n'a jamais pu voir en peinture. Quelle coïncidence !

Hélène se met à pleurer à nouveau. Moi, j'encaisse en serrant les dents. Papa m'a toujours dit que lorsque l'on est énervé, il faut serrer les dents et compter jusqu'à soixante-huit. Je commence donc à compter.

1, 2, 3…

– Ceux dont je n'ai pas cité le nom peuvent reprendre le travail, ajoute l'animal en claquant dans ses mains comme un pacha qui donnerait des ordres à ses esclaves.

10, 11, 12…

Finalement, ce n'est peut-être pas une mauvaise chose de ne plus avoir à supporter les affres de ce petit bourreau en mal d'amour et de confiance.

26, 27, 28…

Hier, j'étais un handicapé avec deux salaires. Aujourd'hui, je redeviens un handicapé tout court, le handicapé de base qui ne travaille pas et ne subvient pas à ses besoins. Finalement, la

3 **solennel** [sɔlanɛl] tiefernst – 4 **un prédécesseur** Vorgänger – 13 **ne pas pouvoir voir qn en peinture** *expr* jdn nicht ertragen können – 13 **une coïncidence** un hasard – 14 **encaisser** *ici : fam* einiges einstecken können – 24 **les affres** *fpl* les méchancetés *fpl (Qualen)* – 24 **un bourreau** Henker, Peiniger – 24 **en mal de qc** qui manque de qc – 29 **subvenir à ses besoins** *mpl* für seinen eigenen Unterhalt aufkommen

situation normale pour un handicapé de mon acabit. Je redeviens normal, c'est plutôt avant que je ne l'étais pas. Il faudrait que je m'en félicite.

42, 43, 44…

C'est dur à encaisser.

Hélène me caresse le bras. Paradoxalement, je me fais plus de souci pour elle que pour moi. Elle est âgée. Moi, je sais que je retomberai sur mes pattes. Et puis il reste toujours le magasin de Rachid. Je suis curieux de savoir qui va le reprendre.

51, 52, 68 !

Je desserre les dents et quitte la salle en criant les mots les plus grossiers que je connaisse à l'attention du nouveau patron. Les quatre femmes qui sortent avec moi explosent de rire. Les autres pouffent en cachette. Quitte à me faire licencier parce que je suis un débile mental, autant en profiter.

1 **de mon acabit** *péj* de mon espèce, de ma sorte – 8 **les pattes** *mpl ici :* les jambes – 12 **grossier** derb – 12 **à l'attention de qn** en direction de qn, à destination de qn – 14 **pouffer** rire – 14 **quitte à** *+ inf* auf die Gefahr hin, dass

Des bérets au Maroc

Exit l'idée de reprendre le travail à la boutique de souvenirs de feu Rachid.

Le propriétaire du local, son frère, est venu ce matin avec des amis, alors que je prenais le café sur la terrasse d'en face. Il a tout débarrassé et a tout mis dans un gros camion. Lorsque je lui ai demandé ce qu'il comptait en faire, il m'a dit qu'il retournait au bled avec toute la marchandise, qu'il allait la distribuer aux plus nécessiteux et qu'il revendrait le local, que c'est trop dur pour lui de continuer le business alors que son frère n'est plus là et qu'il me souhaitait bonne chance.

Lorsque j'ai vu la camionnette disparaître à l'angle du Moulin de la Galette, je n'ai pas pu m'empêcher d'imaginer une ribambelle d'enfants, dans un village perdu du Maroc, vêtus de tee-shirt *I love Paris* et de bérets brodés.

Je décide de rentrer à la maison.

On ne m'attend plus nulle part ailleurs.

Hier soir, durant le dîner, j'ai raconté la nouvelle à papa et maman. Si maman ne s'était pas levée de table pour allumer la télévision et si elle n'avait pas vu, en gros sur l'écran, la photographie de mes deux patrons morts, elle ne m'aurait jamais cru. Elle dit que j'invente des choses des fois et qu'un jour il m'arrivera ce qui est arrivé à Pierre, de *Pierre et le loup*. Hier soir, j'en ai eu un désagréable exemple. Je hais quand maman ne me croit pas et que c'est vrai. Peut-être plus encore que quand elle ne me croit pas et que c'est un mensonge.

Je revois la scène.

Maman trépigne sur place et commence à se ronger les ongles, comme dans les dessins animés. Elle répète « Comment tu vas

2 **feu** *ici :* verstorben – 3 **un local** *ici :* un magasin – 5 **débarrasser** ausräumen – 7 **un bled** *arabe* un village – 7 **la marchandise** les produits – 8 **nécessiteux** pauvre – 13 **une ribambelle d'enfants** Schar Kinder – 23 °**haïr** détester – 27 **trépigner** von einem Fuß auf den anderen treten – 27 **se ronger les ongles** *mpl* an den Nägeln kauen

faire, comment tu vas faire ? Mon pauvre Gaspard, mon pauvre Gaspard ».

Papa, lui, est toujours assis à sa place et continue de manger en jetant de temps en temps un coup d'œil à la télévision. Entre deux bouchées, il glisse « Marie, assieds-toi, notre fils s'en sortira, c'est un problème qu'il doit régler seul. »

Les derniers mots la font sursauter.

– Seul ? Mon bébé ? Jamais !

– Marie, quand je dis « seul », cela ne veut pas dire que l'on ne peut pas l'aider ou le soutenir.

Papa essaye de ne pas trop discuter car il sait qu'une seule petite gifle de sa femme peut lui faire faire trois fois le tour de son pantalon sans toucher les bords. J'ai toujours adoré cette expression.

J'interviens.

– J'ai peut-être mon mot à dire, moi aussi ! C'est quand même de mon avenir dont on parle.

Je leur expose un projet de carrière, celui de retrouver un emploi dans les trente jours. Passé ce délai, nous partirons en Australie pour que je pèse moins et que je puisse donc danser le *moonwalk*. Cela, je ne le dis pas. Papa se fâcherait encore une fois.

Starsky

Pendant plusieurs jours, je ne fais plus rien, si ce n'est la vaisselle.

Je reste connecté à Internet toute la journée et une bonne partie de la nuit, et je remplis des cahiers rouges et verts entiers de choses diverses.

Au bout du sixième jour, j'ai une révélation.

L'inspiration me vient en regardant *Starsky & Hutch* sur le câble. Dans cet épisode, Hutch trouve ridicule le culte que voue Starsky à sa voiture. Il possède lui-même une Ford Galaxie qu'il ne considère que comme un vulgaire moyen de se déplacer. Selon lui, la Torino de son co-équipier n'est rien d'autre qu'une « tomate enrubannée ». Il trouve qu'elle est aussi discrète qu'une voiture de pompiers et qu'il ne lui manque plus que l'échelle. Dans la série complète, le blond ne conduira que quelques secondes la mythique voiture, et seulement à trois occasions.

La télé a quelquefois un véritable effet de madeleine de Proust. En revoyant les deux personnages chevelus en pattes d'éléphant arpenter les rues de Bay City, une ville imaginaire calquée sur Los Angeles (tellement bien calquée que dans un épisode, Hutch déclare faire partie de la police de Los Angeles !!), dans leur Ford Torino rouge et blanche, je me revois à la même époque, dans ma rue, rejouer avec les copains les épisodes de la veille. Moi, j'étais David Michael Starsky, parce que j'étais brun. Raphaël, qui adorait Johnny Hallyday, faisait Hutchinson parce qu'il avait une grosse tignasse blonde parce que son père était suédois. On passait des après-midi entiers à courser les jumeaux. Notre quartier s'était transformé en un vrai terrain de chasse, avec ses

5 **avoir une révélation** eine Eingebung haben – 7 **vouer un culte à qc/qn** etw/jdn vergöttern – 11 **enrubanné** mit Bändern geschmückt – 12 **les pompiers** *mpl* Feuerwehr – 12 **une échelle** Leiter – 15 **une madeleine de Proust** un objet / un aliment / une odeur… qui nous rappelle des choses du passé – 16 **(un pantalon à) pattes** *fpl* **d'éléphant** *m* Schlaghose – 17 **calqué** copié – 21 **la veille** Vortag – 25 **courser qn** courir après qn – 25 **des jumeaux** *mpl* Zwillingsbrüder

caves qui devenaient, avec beaucoup d'imagination, des bordels, même si on ne savait pas trop ce que c'était, et le hall de mon immeuble qui abritait le commissariat où on finissait par interroger les suspects à coups d'annuaire. Moi, j'étais armé d'une banane que je fourrais entre mon ventre et le pantalon, sous la veste, et qui devenait, sous mon index, le redoutable revolver de Starsky.

Bref, aujourd'hui, voilà que je revois la série de mon enfance et que je me surprends à rêver de devenir détective et de résoudre de grandes enquêtes.

1 **une cave** Keller – 4 **un annuaire** Telefonbuch – 4 **armé de qc** mit etw bewaffnet – 6 **un index** Zeigefinger – 6 **redoutable** dangereux – 10 **une enquête** Ermittlung

Gentianes bleues

Je n'ai jamais trop compris cette démarche qui vise à appeler sa boîte AAA juste dans le souci de se retrouver alphabétiquement à la première place dans l'annuaire. À la fin, on se retrouve avec une pléthore d'entreprises du même nom, alors que ce qu'elles recherchent à la base, justement, c'est de se démarquer des autres afin qu'on les contacte.

Moi, si j'avais un cabinet, je l'appellerais l'*Agence Shakespeare et compagnie*, ça en impose ! AAA Taxis, AAA Dentiste, AAA Assurances. Tout cela, ça fait un peu trop andouillette AAAAA à mon goût.

Bon, avant de créer ma boîte, il me faut prendre de l'expérience chez un vrai détective. Je me mets donc à la recherche d'un bon cabinet. J'écarte AAA Détectives, le premier cabinet d'investigations privées que je trouve dans les pages jaunes, j'écarte XXX Détectives également, car je trouve que cela fait trop pornographique. Je jette mon dévolu sur *Détectives Services & versa*. Parce que j'aime le jeu de mots et l'usage de l'esperluette (c'est le petit symbole du « et »).

En quelques clics, je trouve sur Google Maps la localisation précise de l'agence. L'option Street View me permet même d'en voir la rue et la porte.

C'est dans le XIXe arrondissement de Paris, au premier étage du 5, rue des Fêtes, une petite rue tranquille qui relie la rue de Belleville à la place des Fêtes. Je clique vers le haut. Au premier étage, sur un balcon fraîchement repeint, on peut voir des pots de gentianes bleues et de géraniums très bien entretenus.

une gentiane Enzian *(Blumensorte)* – 1 **une démarche** *ici :* une action – 4 **une pléthore** un grand nombre – 5 **se démarquer** se différencier – 7 **un cabinet** *ici :* une agence – 8 **en imposer** impressionner – 9 **une andouillette** deftige Wurst aus Schweineinnereien, *ici : fig* idiot – 16 **jeter son dévolu sur qc** choisir qc

On n'a jamais une deuxième occasion de faire une bonne première impression. *Détectives Services & versa* l'ont bien compris et ont tout misé sur le balcon !

Après avoir glané quelques informations sur la profession pour préparer un éventuel entretien, je mets mon appareil photo autour du cou, mon chapeau safari sur la tête et je sors dans la rue bien décidé à devenir le plus grand détective de la capitale.

3 **miser** setzen – 4 **glaner** zusammentragen

L'art du camouflage

L'avantage d'avoir un sens de l'odorat ultradéveloppé, c'est que l'on peut reconnaître les stations de métro à leur odeur bien particulière. Comme les empreintes digitales, elles en ont toutes une et elle est unique. *Nation* sent le croissant chaud, *Gare de Lyon*, l'urine, *Concorde*, le pigeon sale, *Châtelet-les-Halles*, le café chaud. Je me suis amusé un jour à répertorier toutes ces odeurs dans un cahier vert et en suis arrivé à la conclusion que Paris possède plus de stations aux odeurs repoussantes qu'agréables. Si j'étais élu maire de la capitale, je commencerais par parfumer les stations, chacune de l'odeur d'une fleur différente. Et Paris sentirait comme la campagne. Les gens seraient moins stressés, c'est un fait.

La station *Place des Fêtes*, mon point de destination, sent, elle, la javel et le citron. Cela semble logique, une dame est en train de passer la serpillière.

Je trouve rapidement le coin de la rue avec son balcon fleuri. La seule différence entre la réalité et la photo satellite de Google, c'est le petit homme au crâne chauve qui arrose les fleurs et fait goutter de l'eau sur le trottoir. Je rentre sous le portique et sonne à l'interphone, juste sous l'étiquette en papier un peu decollée sur laquelle on peut lire *Détectives Services & versa*.

Au bout de quelques secondes, une voix masculine me demande qui je suis. Je réponds que je suis Gaspard. À ma grande surprise, cela suffit pour que l'on m'ouvre.

Un étage plus haut, un homme m'accueille sur le pas de la porte. Je reconnais le petit chauve qui arrosait les fleurs il y a un instant.

le camouflage Tarnung – 3 **une empreinte digitale** Fingerabdruck – 5 **un pigeon** Taube – 8 **repoussant** widerlich – 14 **la javel** Chlor(bleiche) – 15 **passer la serpillière** feucht wischen – 18 **au crâne chauve** kahlköpfig – 19 **un portique** Säuleneingang – 20 **un interphone** Sprechanlage – 25 **sur le pas de la porte** in der Tür

Il m'invite à entrer avec un grand sourire, m'accompagne jusqu'à son bureau avec un grand sourire, me sert un café avec un grand sourire et m'indique la chaise avec un grand sourire.

En fait, il arrête juste de sourire lorsqu'il me demande ce qu'il peut faire pour moi et que je lui réponds que je cherche du travail.

Un client trisomique, cela ne lui posait pas de problème, mais un employé trisomique, c'est une tout autre histoire. Il me considère gravement à travers ses mains jointes.

– Vous avez un diplôme ? finit-il par me demander.

– Vous voulez dire un certificat de qualification professionnelle validant la qualité d'agent privé de recherches ?

« Détective privé », c'est dans les films.

Le chauve hoche la tête, impressionné.

– Je ne l'aurais pas mieux formulé moi-même.

– Non, je n'ai pas ce diplôme.

– Dans ce cas, revenez lorsque vous l'aurez. Je ne vous raccompagne pas, vous connaissez la sortie.

Croyant la conversation terminée, l'homme esquisse à nouveau le plus beau de ses sourires et se lève. Derrière lui, la porte donnant sur le balcon est encore ouverte. Il agrippe un petit arrosoir jaune et fait le mouvement de sortir.

– Pour être détective privé en France, dis-je, il faut être majeur, avoir un casier judiciaire vierge, avoir un Bac+2, une bonne condition physique, être titulaire d'un permis de conduire et posséder un véhicule. Or, je n'ai jamais été à l'université, je n'ai pas le permis et chose que vous comprendrez aisément, pour la bonne condition physique, il y en a des meilleurs que moi sur le marché.

L'homme se retourne, l'arrosoir suspendu en plein vol.

9 **les mains jointes** mit gefalteten Händen – 12 **valider** *ici :* bestätigen – 22 **un arrosoir** Gießkanne – 23 **être majeur** avoir au moins 18 ans – 24 **avoir un casier judiciaire vierge** nicht vorbestraft sein – 24 **un Bac + 2** 2-jähriges Studium nach dem Abi – 25 **un permis de conduire** Führerschein

– Dans ce cas-là, jeune homme, permettez-moi de vous dire que vous ne serez jamais détective. Et puis, si vous voulez un conseil, j'ai peur que vous ne soyez pas très discret avec votre chapeau safari zébré et votre appareil photo. Cet accoutrement passerait peut-être inaperçu dans la brousse, mais à Paris... permettez-moi d'en douter.

– Vous vous trompez. Chapeau et appareil photo, les deux accessoires du parfait touriste. Je me fonds parfaitement dans le paysage parisien. De plus, bien que je n'aie jamais voyagé, je connais parfaitement la mentalité du touriste.

– C'est votre opinion.

– J'ai déjà vu des reportages à la télé sur votre profession. Des bonnets, des faux-couples, des uniformes de postier. Vous vous déguisez pour faire vos filatures, résultat, vous jouez la comédie et cela se ressent. Moi, je ne me déguise pas. Je suis comme ça. C'est du vrai, et on y croit de suite. Vous pensez peut-être que la version aveugle fonctionne mieux. Vous vous êtes déjà sûrement mis des lunettes de soleil intégrales, une canne blanche, et hop ! Pas vrai ?

– Effectivement, il m'est souvent arrivé d'avoir recours à ce stratagème, reconnaît-il, satisfait de lui-même.

– Très bonne couverture, s'il en est. L'ennui, c'est que l'on peut toujours penser que vous êtes un faux aveugle, alors que cela ne viendrait à l'idée de personne d'imaginer un « faux trisomique ». Parce que cela n'existe pas. Touchez mon visage, c'est du vrai ! C'est ça, l'avantage.

L'homme considère un instant mon argument. Il hoche sa tête en forme d'œuf et lâche un petit « effectivement ». Quelques gouttes d'eau tombent sur la moquette. Je m'apprête à l'achever.

– J'ai résolu l'énigme d'Einstein en moins d'une heure.

4 **un accoutrement** Aufmachung – 5 **la brousse** Busch – 8 **se fondre dans qc** in etw untergehen / mit etw verschmelzen – 14 **se déguiser** sich verkleiden – 14 **une filature** Beschattung – 17 **aveugle** blind – 18 **une canne blanche** Blindenstock – 21 **un stratagème** List – 22 **un ennui** *ici :* un problème – 28 **lâcher** *ici :* dire – 28 **effectivement** tatsächlich – 29 **achever qn** *ici :* jdm den Rest geben

– Celle du zèbre et du verre d'eau ?

– Celle-là même.

– Je l'ai résolue en vingt minutes.

– Sauf votre respect, vous n'êtes pas mongolien, monsieur.

La remarque lui fait lâcher un sourire. Le premier sourire sincère de l'entretien. Il sort sur le balcon et commence à arroser un pot de géraniums.

– Je n'ai pas de travail pour vous. Sincèrement désolé.

Je me lève et laisse une de mes cartes de visite sur le bureau. Un bout de papier avec mon nom, mon adresse et le numéro de téléphone de la maison. J'ai réalisé un tampon avec une pomme de terre sur laquelle j'ai sculpté une loupe. Je l'ai imprimée à l'encre bleue à côté de mon slogan :

Gaspard, détective très-très-très spécial.

6 **sincère** ehrlich – 11 **un tampon** *ici* : Stempel

Mes tempêtes

Sur le chemin du retour, la voix métallique du conducteur de métro résonne dans les hauts-parleurs : « Mesdames et Messieurs, je vous demande de patienter deux minutes, pour la simple et bonne raison que l'on me demande de patienter moi-même deux minutes à cette station. »

Cela me fait sourire, alors je le marque dans mon cahier vert.

Quelques temps après, je suis à la maison. Maman est assise sur le sofa. Elle feuillette une revue.

Je m'asseois à côté d'elle. Maman est belle. Je ne sais pas comment un monstre comme moi a pu sortir d'une chose aussi belle. Je me demande si elle m'en veut d'être né comme cela.

Elle se tourne vers moi et me sourit avant de reprendre la lecture de son magazine. Ses sourires sont des bouées dans mes tempêtes. Ses sourires sont la preuve qu'elle m'aime de tout son cœur. Cela me rend heureux.

Je regarde par la fenêtre. Il pleut. Je repense au détective qui a arrosé ses fleurs aussi méticuleusement pour rien, comme quelqu'un qui aurait lavé sa voiture juste avant l'orage. Je repense au détective qui ne m'appellera jamais et pour lequel je ne travaillerai jamais. Je pense à tous ces détectives pour lesquels je ne travaillerai jamais.

Il n'y a pas si longtemps que cela, je vendais des tours Eiffel à des Chinois et des boîtes à musique de *La vie en rose* de Piaf à des Russes, je reniflais les aisselles de beaux jeunes hommes et j'étais sur le point de passer à la section femmes. Il n'y a pas si longtemps que cela, j'étais heureux car je n'étais pas un handicapé comme les autres. Parce que je n'étais pas handicapé du tout. Il n'y a pas si longtemps que cela.

une tempête Sturm – 8 **une revue** un magazine – 13 **une bouée** Boje – 17 **méticuleusement** sehr sorgfältig

La grande affaire

Trois semaines après mon entretien, soit un jour avant que je ne perde mon pari, celui que j'avais fait avec papa et maman de retrouver un job dans le mois, je reçois un coup de téléphone. Il est 14 h 30 et je suis affalé sur le sofa du salon à regarder une série américaine d'une platitude sans nom. La main au plus profond de mon cône en plastique, je suis en train de trier les derniers pop-corns que je n'ai pas mangés. J'avale sans appel ceux qui ont une belle forme boursouflée et mets de côté ceux qui n'ont pas éclaté. Après comptage, je demanderai au supermarché un remboursement au prorata des grains de maïs qui n'ont pas éclaté.

– Gaspard J.S.... ?

Je reconnais immédiatement la voix fluette du petit chauve du cabinet d'investigations privées. Il doit sûrement être en train de faire un de ses grands sourires forcés au bout du fil. Il a peut-être même son arrosoir jaune dans la main.

– Henri Bossi, de *Détectives Services & versa*. Vous êtes venu nous voir il y a quelque temps de cela afin de postuler pour un emploi chez nous.

J'adore sa façon d'utiliser le « nous » pour faire croire qu'il a plein de personnel alors qu'il est tout seul. Je laisse passer un petit silence pour faire croire que j'ai une vie très occupée et que je ne me souviens même plus de lui.

– Ah oui, Monsieur Bossi ! N'est-ce pas vous qui m'avez dit que je ne deviendrai jamais détective privé ?

L'homme m'explique que quelques jours après mon passage, on lui a proposé une affaire assez spéciale qu'il a d'abord refusée. Un riche homme d'affaires, qui venait de perdre son fils unique,

1 **soit** *ici :* c'est-à-dire – 2 **un pari** Wette – 6 **un cône** *ici :* Becher – 6 **trier** sortieren – 7 **avaler** *ici :* manger – 8 **boursouflé** geschwollen, aufgegangen – 10 **un remboursement** Rückerstattung – 10 **au prorata de qc** entsprechend etw – 13 **fluet** zart – 15 **au bout du fil** *expr* am anderen Ende der Leitung

lui a offert la somme d'un million d'euros pour prouver que son fils a été assassiné. Handicapé mental, son fils était interné depuis quinze ans dans un centre d'éducation spécialisé de la banlieue de Paris. La police a conclu à une mort naturelle mais son père n'en croit rien.

Henri Bossi m'explique que même si la récompense est alléchante et qu'il en a bien besoin en ce moment, il n'a pas pu prendre l'affaire car cela supposait enquêter dans un milieu qu'il ne connaît pas et où il ne passera pas inaperçu. Et puis il est tombé sur ma carte (en vidant les poubelles...), il s'est alors souvenu de moi et de notre petite discussion sur l'art du camouflage. Il s'est alors fait la réflexion suivante : qui soupçonnerait une personne atteinte de trisomie 21 dans un centre pour handicapés ?

Je trouve la formule déplacée, insultante, politiquement incorrecte, stéréotypée. Cependant, paradoxalement, c'est peut-être la chose la plus pertinente que j'aie pu entendre de la bouche de cet homme depuis que je le connais.

Je lui demande si mon manque de diplôme ne le rebute pas. Il me taxe de rancunier, s'excuse pour tout ce qu'il a pu me dire de blessant l'autre jour puis il me presse de venir le voir à son cabinet.

2 **assassiner** ermorden – 6 **une récompense** Belohnung – 7 **alléchant** verlockend – 13 **soupçonner** verdächtigen – 15 **déplacé** *ici :* ungehörig – 15 **insultant** beleidigend – 17 **pertinent** relevant – 19 **rebuter qn** jdn abschrecken – 20 **taxer qn de qc** jdn als etw bezeichnen – 20 **rancunier** nachtragend – 21 **blessant** verletzend

15 530

Le pendule de Foucault, qui se trouve au Panthéon à Paris, est le seul et unique indicateur du point fixe de l'univers. J'entends souvent papa le dire quand il parle de maman. C'est joli. Il dit qu'elle est son seul point fixe dans l'univers. Moi, je le dis lorsque je veux faire passer l'idée qu'il n'y a rien de permanent ou d'inchangé dans notre monde.

La preuve, la station de métro *Place des Fêtes*, qui sentait si bon le citron et la javel l'autre jour, sent aujourd'hui le poisson. Si l'on ne peut même plus faire confiance à ses sinus pour identifier un arrêt de métro, où allons-nous ?

L'explication m'en est donnée en sortant. C'est jour de marché. Au milieu des stands de viande, d'huîtres et de camemberts, je passe pour un extraterrestre. J'ai mis mon plus beau costume. Un smoking noir, une chemise blanche et une cravate noire. James Bond porte généralement une combinaison de plongée dessous, mais étant donné les circonstances, j'ai jugé qu'il n'était pas nécessaire d'en mettre une. Je regarde tous ces gens qui me voient sans penser une seule seconde que je suis sur le point de devenir le plus grand détective privé de tous les temps. Le premier détective privé trisomique.

En traversant le marché, je prends quelques photos avec mon Olympus. C'est l'un des plus beaux de Paris.

Pour une fois, Henri n'a pas son arrosoir à la main, mais je repère l'objet en plastique jaune à travers la fenêtre, sur le balcon, posé à côté d'un sac de terre. L'homme semble encore plus chauve que la dernière fois que je l'ai vu.

Bientôt, je verrai le crâne de son squelette.

– Vous êtes venu, je conclus donc que vous êtes toujours intéressé par le travail.

9 **les sinus** *mpl ici :* le nez – 12 **une huître** Auster – 13 **un extraterrestre** Außerirdischer – 15 **une combinaison de plongée** *f* Taucheranzug

– Plus que jamais.

– Bien, bien. J'ai disposé devant vous un dossier. Vous y trouverez tous les éléments dont vous aurez besoin, ainsi qu'un chèque d'avance sur votre travail de 15 530 euros. Vous n'aurez pas de frais puisque vous résiderez et mangerez au sein même du centre d'éducation.

– Parfait, dis-je le plus naturellement du monde, alors que dans ma tête je jubile.

Je ne pense pas une seule seconde à l'idée de m'enfermer dans un centre, d'être entouré de gens comme moi ou pire. Je ne vois que l'argent et tout ce que je pourrai acheter avec. Un beau collier pour maman, une cravate pour papa.

– Je vais vous infiltrer dans ce lieu très protégé. Je vous accompagnerai en me faisant passer pour votre tuteur. J'ai déjà appelé le centre et pris rendez-vous.

– Quand y allons-nous ?

– Demain.

– Parfait.

– Vous y resterez jusqu'à ce que vous ayez découvert des éléments probants. En cas de problème, vous n'aurez qu'à m'appeler, je vous conseille d'apprendre mon numéro de téléphone par cœur.

– C'est déjà fait. À vrai dire, il me suffit de voir un numéro une fois pour le mémoriser.

– Bien, bien. Une chose encore. Je vous rappelle que vous n'êtes pas détective privé, légalement parlant. Vous agirez donc en qualité d'assistant.

– C'est O.K. pour moi, du moment que j'ai une plaque !

Mon interlocuteur est interloqué.

– Pas de diplôme, pas de plaque, Gaspard. Les assistants n'ont pas de plaque. Et puis en infiltration, cela pourrait être dangereux

5 **des frais** *mpl* Kosten – 5 **au sein de qc** à l'intérieur de qc – 8 **jubiler** se réjouir, être très content – 12 **un collier** Halskette – 13 **infiltrer qn** jdn schleusen – 20 **probant** qui peut servir de preuve *(Beweis)* – 28 **une plaque** Plakette – 29 **interloqué** surpris, stupéfait

pour vous si on la trouvait et cela pourrait compromettre la mission. Le but de l'infiltration, c'est justement que l'on ne vous identifie pas ! Sinon, je vous donnerais un uniforme !

– Effectivement.

Je me faisais une joie d'avoir une plaque de détective privé, mais finalement, je trouve que c'est encore plus intrigant de ne pas en avoir lors d'une mission incognito.

– Si vous n'avez pas d'autre question, je vous dis à demain. Vous avez du boulot ce soir : apprendre votre nouveau rôle.

– Je n'ai pas d'autre question idiote à vous poser. À demain, Henri.

Je lui serre la main comme le ferait un détective privé, de manière ferme, puis je quitte le bureau avec mon gros dossier sous le bras comme un acteur qui s'apprête à apprendre *Hamlet*.

1 **compromettre** *ici :* mettre en danger – 6 **intrigant** *ici :* excitant – 9 **un/du boulot** *fam* un/du travail – 13 **de manière ferme** avec énergie

Le rôle du siècle

Maman est contente que j'aie retrouvé un travail si rapidement même si elle voit un peu d'un mauvais œil le fait de m'interner, ne fût-ce que quelques jours. Tout en inspectant le chèque de 15 530 euros, qu'elle soupçonne peut-être d'être faux, elle m'explique que papa et elle ont toujours voulu me préserver des endroits de ce genre, que les autres parents, s'ils avaient un tant soit peu d'amour pour leurs enfants, ne les mettraient pas dans ces centres. Qu'ils devraient s'occuper de leur enfant. Comme eux. Puis, satisfaite, elle repose le chèque sur la table de la cuisine.

– C'est bien, c'est bien. Je suis fière de toi, mon chéri.

Papa ne dit rien. Il pense peut-être que cela me fera oublier l'Australie. Son visage détendu semble dire : « Tu vois, je le savais, je te disais bien que Gaspard allait retrouver un boulot. » Quelquefois, papa affiche un air trop blasé. J'aimerais qu'il soit un peu plus expressif et me dise, lui aussi, qu'il est fier de moi. Mais bon, on ne refait pas les personnes. Chacun est comme il est. Et papa est comme ça.

Après le dîner, je vais m'enfermer dans ma chambre. Le dossier est épais et le temps me manque. On ne peut pas imaginer que quelqu'un a écrit autant de pages sans avoir l'intention d'écrire un roman. J'en commence la lecture. Finalement, cela se lit comme un roman.

J'apprends que Patrick Vizon était atteint de débilisme profond (la formule n'est pas très heureuse) depuis sa naissance. Durant l'accouchement, il est resté coincé dans le col de sa mère et son cerveau n'a pas été alimenté en oxygène, juste le temps qu'il faut pour qu'il devienne un légume. Comme si ce n'était pas

2 **voir qc d'un mauvais œil** *expr* ne pas être content de qc – 16 **être fier** [fjɛʀ] **de qn/qc** auf jdn/etw stolz sein – 20 **épais** gros – 24 **le débilisme** *néologisme péj* geistige Behinderung – 26 **un accouchement** Entbindung – 26 **coincé** eingeklemmt – 26 **un col** *ici :* Gebärmutterhals

assez, sa mère est morte des suites de la césarienne qu'on lui a pratiquée pour retirer le corps de son enfant. Hémorragie interne. Gérard Vizon, un riche homme d'affaires qui avait tout pour lui, a perdu en quelques heures sa femme. Son fils est devenu un mort-vivant. Après quelques années à s'occuper de lui, Gérard Vizon décida de l'interner dans un centre d'éducation spécialisé, car il trouvait cela trop dur de voir son fils à la maison, dans cet état. Il essayait de refaire sa vie, mais chaque fois qu'il revenait avec une femme chez lui, après un romantique dîner dans un restaurant italien, il se produisait la même horreur. Les prétendantes prenaient peur lorsque, confortablement assises sur le sofa, quelquefois déjà en train d'embrasser tendrement Monsieur Vizon, elles voyaient entrer dans le salon, accompagné d'un terrifiant bruit de tondeuse à gazon, l'adolescent-légume juché sur son fauteuil. Il se postait en face des deux tourtereaux et observait la scène de ses yeux vitreux, immobile, sans vie.

– Qu'est-ce que c'est ça ?!

– C'est rien, c'est mon fils, il est handicapé.

– Il va rester longtemps à nous regarder ?

– Fais comme s'il n'était pas là, moi je me suis habitué. Il ne vit pas dans notre monde.

– Désolé, mais je ne peux pas, disaient-elles toutes.

Elles se levaient et reprenaient leur sac et partaient pour ne plus jamais revenir. Gérard était triste car il s'apercevait qu'il ne pourrait jamais refaire sa vie avec son fils à la maison. Il l'aimait, mais il avait aussi envie de tomber amoureux, de rencontrer une femme qui ferait battre son cœur et lui ferait oublier la tragédie qu'il vivait chaque jour. La mort dans l'âme, il avait emmené Patrick dans une résidence. Il allait le visiter tous les dimanches. Chaque fois, il rentrait à la maison encore plus triste.

1 **une césarienne** Kaiserschnitt – 2 **une hémorragie** Blutung – 5 **un mort-vivant** un zombie – 11 **une prétendante** une candidate – 14 **une tondeuse à gazon** Rasenmäher – 15 **les tourtereaux** *mpl* les amoureux – 16 **vitreux** glasig – 28 **la mort dans l'âme** *f* schweren Herzens

Maintenant qu'il est mort, c'est pire. Il est encore plus triste. Parce qu'on aime son fils, même si c'est un petit légume. Ce n'est pourtant pas cela qui a motivé l'homme pour engager les services d'un détective privé. Il y avait une grosse assurance-vie sur son fils, mais vous pensez bien que les assurances ne sont pas suicidaires et n'assureraient jamais un légume paraplégique sans prendre de garantie. Autant assurer un suicidaire. Une clause stipulait qu'aucune somme d'argent ne serait versée au père en cas de mort naturelle ou de mort due aux suites de la maladie dont souffrait Patrick. En apprenant que son fils était mort dans son sommeil, l'homme a pris peur et a vu tous ses millions d'euros lui dire au revoir. Or, il en a tellement besoin maintenant que plus rien ne va, maintenant qu'il a tellement perdu d'argent. Surtout qu'il sait, au fond de lui, que l'on a assassiné son fils. Depuis, il vit l'enfer.

Et moi, je m'apprête à y entrer.

6 **paraplégique** querschnittsgelähmt

« Je » est un autre

Henri Bossi est venu me chercher à la maison en voiture. Le centre d'éducation spécialisé se trouve dans la banlieue Est de Paris, après Vincennes. Il est 16 h 00, avec le trafic, on mettra une petite heure pour s'y rendre.

Sur le chemin, il me pose quelques questions pour peaufiner mon rôle et voir si je suis prêt. En tous cas, il me félicite de ma tenue. J'ai un bermuda jaune, une chemise hawaïenne et mon chapeau safari. Je n'ai pas oublié le détail qui tue : les sandalettes en cuir avec les chaussettes. Je porte mon inséparable appareil photo au cou.

– Je m'appelle Gaspard. Mes parents sont morts il y a quelques années. Papa voulait tester sa force en essayant de fendre un arbre entrouvert. Il s'y est coincé les mains et, incapable de se défendre, s'est fait dévorer par des loups. Maman est morte de rire en regardant le film *Un poisson nommé Wanda*. Son cœur a battu entre 250 et 500 pulsations par minute avant de succomber à un arrêt cardiaque…

– Limite-toi à dire qu'ils sont morts dans un accident de voiture.

– Ah bon, j'étais content de ma petite trouvaille. Pour papa, je me suis inspiré de la mort de Milon de Crotone, un athlète grec du Ve siècle avant Jésus-Christ.

Même si ce n'est qu'un rôle, j'ai presque les larmes aux yeux d'imaginer que papa et maman sont morts.

– Je suis censé avoir un Q.I. de 97. Vous, vous êtes rentier et flambeur. La mauvaise fortune au casino vous a obligé à vous

5 **peaufiner** améliorer, parfaire – 8 **qui tue** *fam ici :* le plus fort, le plus convaincant – 9 **le cuir** Leder – 12 **fendre** spalten – 13 **coincer** einklemmen – 14 **dévorer** fressen – 14 **un loup** Wolf – 17 **succomber à qc** mourir de qc – 17 **un arrêt cardiaque** Herzstillstand – 25 **être censé faire qc** eigentlich etw tun sollen – 25 **un rentier** Privatier – 26 **un flambeur** qn qui joue des sommes importantes au casino – 26 **la mauvaise fortune** la malchance

débarrasser de deux de vos maisons et de trois de vos voitures de collection. Vous ne pouvez plus subvenir à mes besoins. Et c'est la mort dans l'âme que vous m'abandonnez.

– Limite-toi à dire que je suis un vieil oncle.

L'atterrissage

La Ford Fiesta sort de la route, passe un grand portail de fer forgé et s'engage dans une petite allée. Le jardin et la grande maison ont l'air d'un paysage tout droit sorti des romans d'Agatha Christie. C'est un vieux pavillon bourgeois dont l'entrée fait face à une fontaine. Les voitures en font le tour avant de déposer leurs hôtes sur le parvis, comme dans les grands hôtels.

Je vois déjà le cortège d'accueil. On remarque tout de suite que ce n'est pas un hôtel, le personnel est en blouse blanche. Il y a un homme et trois femmes, droits comme des I, les mains derrière le dos. L'homme, qui est placé tout à gauche, est imposant. Il a des épaules de nageur qui me rappellent celles de Monsieur Desépaules. C'est lui qui s'avance vers Henri lorsque l'on sort de la voiture.

– Monsieur Jules Verne ?

Et dire que mon accompagnateur trouvait la mort de mes parents trop ubuesque !

– Lui-même.

– Et je présume que ce gentil garçon est Gaspard.

« Ce gentil garçon ». J'ai l'impression qu'il parle d'un chien. « Ce gentil toutou… »

– Voilà Gaspard, en effet.

– Je suis le Professeur Degas, comme le peintre. Je dirige cet établissement depuis… Pff… Suis-je aussi vieux que ça ?

Il rigole de sa blague. Henri l'accompagne par éducation. Moi, non, car mon supposé Q.I. de 97 ne me permet pas de la comprendre.

– Voici Mesdames Pageot et Colibet, respectivement nos chef d'acclimatation et chef de programme. Nous mettons un point d'honneur à ce que nos hôtes se sentent le mieux possible chez nous.

un atterrissage Landung – 1 **le fer forgé** Schmiedeeisen – 5 **une fontaine** Brunnen – 6 **un hôte** *ici :* Gast – 6 **le parvis** *ici :* l'entrée – 7 **un cortège** Zug – 16 **ubuesque** absurde, grotesque – 18 **présumer** supposer – 20 **un toutou** *fam* Wauwau – 28 **mettre un point d'honneur à ce que…** Wert darauf legen, dass …

– Bien, bien.

Si Madame Colibet est une jeune dame belle et séduisante, Madame Pageot, en revanche, en est son extrême opposé. Pageot, cageot ! Je scande déjà le logo dans ma tête. Ses longs cheveux de paille blancs tombent sur de grosses lunettes dorées et elle est habillée comme une religieuse. Je ne vois pas en quoi son physique est acclimatant. Il donne plutôt envie de prendre ses jambes à son cou et de partir de cet asile de fous.

Le Professeur Degas s'avance vers moi et m'explique, d'un air condescendant, comme s'il parlait à un enfant de quatre ans, qu'il voudrait parler un instant seul avec mon oncle. Il me laisse profiter du grand jardin et du soleil et disparaît à l'intérieur avec Jules Verne, enfin Henri. Telle une escorte amazone, les femmes emboîtent le pas aux hommes.

En me retournant, je m'aperçois que je ne suis pas seul. Un petit groupe s'est approché de moi et me regarde comme si j'étais un extraterrestre.

Devant moi s'étale le *No Man's Land* intellectuel de l'humanité, la *terra incognita*, ce que papa et maman m'ont toujours fait éviter, ce contre quoi ils m'ont toujours préservé. Je découvre cela pour la première fois à trente ans, sans même trop savoir que cela existait.

Je ressens en entrant dans ce lieu ce qu'ont bien pu ressentir les Indiens d'Amérique lorsqu'on les a parqués dans des réserves, je ressens ce que les Juifs de Varsovie ont bien pu ressentir lorsqu'on les a parqués dans des ghettos.

Ils me ressemblent tous. Pourtant, au fond de moi, j'ai l'impression que je n'ai rien à voir avec eux. Que nous sommes différents. Alors que je pense à tout cela, ils avancent vers moi avec de grands yeux, comme un groupe de zombies prêts à me dévorer.

4 **un cageot** *fam* hässliches Entlein – 5 **la paille** Stroh – 5 **doré** vergoldet – 7 **prendre ses jambes** *mpl* **à son cou** *expr* partir en courant – 8 **un asile de fous** *mpl* Irrenanstalt – 10 **condescendant** herablassend – 14 **emboîter le pas à qn** suivre qn – 24 **parquer** einpferchen – 31 **dévorer** verschlingen

À la soupe !

Voilà une heure qu'Henri, le seul lien qui m'unissait au monde extérieur et à la liberté, est reparti. Plus personne ici ne sait que je suis un détective privé sous couverture. Je suis un trisomique de trente ans, d'un Q.I. sensiblement équivalent au moineau qui gazouille sur cette branche au-dessus de moi.

Je suis assis à gauche de Lily, une trisomique habillée comme une petite fille, avec des robes colorées et des couettes et qui ne se sépare jamais d'une poupée en chiffon à laquelle il manque les deux bras et qu'elle appelle tendrement « Manchote ». J'ai bien failli m'évanouir lorsque l'on m'a appris qu'elle avait quarante-deux ans. À ma droite, se trouve Raphaël, que l'on appelle Céline. Au début je pensais que c'était en hommage à l'écrivain français, mais en réalité, c'est parce qu'il se balade toujours avec un petit mp3 qui joue du Céline Dion en boucle. De temps en temps, il lâche sa cuillère de soupe et se met à hurler « *My heart will go on* », puis il mange un bout de pain, comme si de rien n'était. Oui, on est loin du *Voyage au bout de la nuit*.

Il est 18h00 et nous sommes déjà en train de prendre le dîner. Comme il fait encore beau, on mange dehors, sur une grande table sous une toile de tente blanche. Ici, tout est blanc, sauf les dents de mes compagnons et les draps, qui sont jaunes ou marron...

En arrivant, j'ai trouvé dans ma chambre un pack avec une serviette de bains et une trousse de toilette avec des articles jetables dedans. J'ai eu l'impression d'être en prison (même si je n'y suis jamais allé, mais j'imagine) et j'ai pleuré, jusqu'à ce

3 **sous couverture** incognito – 4 **un moineau** Spatz – 5 **gazouiller** zwitschern – 7 **une couette** Rattenschwanz – 8 **en chiffon** *m ici :* aus Stoff – 9 **un manchot** *fam* qn qui n'a qu'un bras ou pas de bras – 10 **faillir faire qc** presque faire qc – 10 **s'évanouir** ohnmächtig werden – 14 **en boucle** en continu – 21 **une toile de tente** *f* Zelt – 22 **un drap** Bettlaken

que la cloche résonne et que l'on vienne me chercher pour le repas.

J'ai l'impression d'être dans *Vol au-dessus d'un nid de coucou*, sauf qu'ici Jack Nicholson serait un top model.

– Manchote !

Je sursaute. Lily vient de faire tomber sa poupée par terre. Elle se penche pour la ramasser. Le garçon qui est assis à côté d'elle en profite pour regarder sa culotte sous sa jupe. J'apprends qu'il s'appelle Michael lorsque Lily se redresse et hurle : « Michael, méchant, Manchote va te donner une claque ! ». L'enfant rigole parce qu'il sait très bien que Manchote n'a pas de bras et ne peut donc pas lui donner de claque. Indépendamment du fait qu'il s'agisse d'une poupée…

Michael a la taille d'un enfant de dix ans mais j'apprendrai plus tard qu'il en a soixante. Assis à côté de lui, je m'aperçois qu'il y a un autre homme en tout point identique. Des jumeaux.

Nous sommes une bonne trentaine autour de la table, personnel et handicapés confondus. Sacha, un gars mince comme une biscotte, en blouse blanche, assis en face de moi, me dit de manger, que ma soupe va être froide. Et puis qu'ils vont bientôt servir le poulet aux champignons et que le dernier qui finit son plat, ici, a un gage. C'est la tradition.

J'esquisse le plus idiot de mes sourires et continue à aspirer ma soupe en m'efforçant de faire le plus de bruit possible. *Quand tu es à Rome, fais comme les Romains*. Ça, ça veut dire que quand tu es dans un pays étranger, agis selon les coutumes locales, adapte-toi !

Je ne dis rien au cours du reste du repas, et on ne me demande rien. J'écoute, j'observe. Je mémorise chaque nom, chaque pathologie. Le personnel soignant n'en est pas dépourvu. Bien

1 **une cloche** Glocke – 3 **Vol au-dessus d'un nid de coucou** *roman et film dont l'histoire se passe dans un hôpital psychiatrique* – 7 **se pencher** sich beugen – 8 **une culotte** Slip – 10 **une claque** Ohrfeige – 19 **une biscotte** Zwieback – 22 **un gage** *ici :* Strafe – 30 **soignant** *ici :* médical – 30 **ne pas être dépourvu de qc** avoir qc

au contraire. Sophie est infirmière. Elle tourne deux fois son verre d'eau dans le sens des aiguilles d'une montre puis une fois dans le sens inverse avant de boire. Elle le fait à chaque fois, comme si elle ouvrait un coffre fort à combinaisons. Était-elle comme cela avant ou l'est-elle devenue au contact de ces gens ? Une autre question à laquelle je devrai répondre.

2 **dans le sens des auiguilles d'une montre** im Uhrzeigersinn – 4 **un coffre fort** Safe

Les rhinocéros rouges

Cette nuit, je pense à papa et maman.

Je ne suis qu'à quelques kilomètres d'eux et pourtant j'ai l'impression d'avoir été exilé dans un goulag de Sibérie. Tout est si différent. J'ai même du mal à penser que je suis encore dans mon pays. Ça doit être le manque de liberté qui fait cela.

Le manque de liberté fait vomir aussi. J'ai passé le plus clair de la soirée aux toilettes. Mon estomac est noué. J'ai peur, j'ai froid. Je me sens comme un hamster en passe d'être lobotomisé. Alors pour me calmer, je sors mes cahiers vierges et je les remplis. Je vomis des mots sur les carreaux. J'extériorise le mal jusqu'à ce qu'il ne reste plus aucun millimètre carré de blanc. Et puis je m'endors.

Le lendemain, je vais mieux. Mon corps s'est habitué à ce nouvel état. Je déjeune de bon cœur. Je rigole même avec Marc, un trisomique diabétique de seize ans qui a reçu une balle dans l'œil par accident et ressemble à un pirate.

Un petit groupe s'est formé autour de moi. Comme je suis le dernier arrivé, on me pose tout un tas de questions sur le monde extérieur, sur les dernières nouveautés en films, en jeux vidéo, en téléphones portables. Les langues se délient. Je suis la nouveauté. Je suis le nouveau jouet.

Alors je raconte tout, et puisque je sais tout sur tout, j'agrémente les nouvelles d'anecdotes insolites et croustillantes.

– Saviez-vous que le mot « caniche » vient de « canard » ? Qu'il existe à l'intérieur des Jameos, sur les Iles Canaries, un petit lac

un rhinocéros Nashorn – 6 **vomir** sich ergeben – 6 **le plus clair de la soirée** presque toute la soirée – 7 **avoir l'estomac noué** avoir des crampes *fpl* à l'estomac – 8 **en passe de faire qc** qui va faire qc – 8 **lobotomiser** → **la lobotomie** *heutzutage nicht mehr durchgeführte neurochirurgische Operation* – 9 **vierge** *ici :* où rien n'a été écrit ou dessiné – 15 **diabétique** zuckerkrank – 15 **une balle** *ici :* Kugel – 20 **les langues** *fpl* **se délient** *expr* tout le monde parle (**une langue** Zunge) – 23 **agrémenter qc de qc** compléter qc avec qc – 23 **insolite** bizarre, surprenant – 23 **croustillant** *ici : fig* pikant – 24 **un caniche** Pudel – 24 **un canard** Ente

habité par ce que l'on appelle les « crabes aveugles » ? Que ces crabes sont très sensibles au bruit et que leur vie a été menacée par la manie qu'ont les visiteurs de jeter des pièces de monnaie dans le lac ?

– C'est comme la fontaine de Rome ! s'exclame Raphaël alias Céline.

– Exactement, la fontaine de Trevi, je précise, sauf qu'il n'y a pas de crabes à Rome !

Tout le monde rigole.

– Saviez-vous qu'en Afrique, on fait un trou dans la corne des rhinocéros avec une perceuse et on y introduit un liquide rouge pour que les braconniers ne les tuent pas pour leur voler leur corne ? Ça fait bizarre de croiser des rhinocéros aux cornes rouges au milieu de la savane…

– Encore, encore ! crie-t-on entre céréales et tartines.

Alors je continue.

– Saviez-vous que Marcel Proust est célèbre pour ses phrases interminables, mais que celles de l'écrivain chilien Roberto Bolaño le sont plus encore ? Dans *2066*, j'y ai lu une phrase de plus de 7 pages !

Au bout de quelques instants, je me tais. Je me rends compte qu'ils ne comprennent rien de tout ce que je dis.

Et que je ne leur ressemble en rien.

1 **aveugle** blind – 2 **menacer** bedrohen – 10 **une corne** Horn – 11 **une perceuse** Bohrmaschine – 12 **un braconnier** Wilderer

La chambre 35

Avant, je me levais quelquefois à 06 h 30, le dimanche matin alors que je ne travaillais pas, juste pour avoir le plaisir de me dire que je ne travaillais pas ce jour-là et que je n'avais pas à me lever tôt. Le problème, c'est que je n'arrivais plus à me rendormir ensuite et voilà que j'étais condamné à errer dans les couloirs sombres de la maison endormie comme le fantôme d'un vieil aristocrate dans son château.

Il est 03 h 00 du matin et tout le monde dort. Il ne faudrait peut-être pas oublier pourquoi je suis ici. J'ai une enquête à résoudre et j'ai vu dans les séries que les enquêtes se résolvent la nuit lorsque tout le monde dort, exactement lorsque les crimes se commettent.

J'ai demandé à un patient, discrètement, le numéro de la chambre dans laquelle logeait Patrick Vizon. La 35. Il faut donc que je descende d'un étage et m'infiltre dans l'aile ouest du pavillon, chose que je fais dans le plus grand des silences.

Comme je l'ai vu faire dans un film, je me suis mis un peu de bouchon brûlé sur les joues afin de camoufler parfaitement mon teint blanc au milieu des ténèbres. J'ai également revêtu mon pyjama noir, le seul vêtement sombre que j'avais. Tel un ninja, je glisse dans les longs couloirs.

La porte de la chambre 35 ressemble en tout point à la chambre qui la précède et à celle qui lui succède. Elle est de couleur orange (la mienne est bleue). Je pousse la poignée vers le bas mais, comme je le prévoyais, elle est fermée à clef.

Je sors mon portable. Si vous tapez sur Internet : *comment ouvrir une porte fermée à clef ?* Plusieurs réponses apparaissent.

5 **errer** marcher sans but – 12 **se commettre** avoir lieu – 15 **une aile** Flügel – 18 **un bouchon** Korken – 19 **les ténèbres** *fpl* Dunkelheit – 23 **précéder qn** être avant qc – 23 **succéder à qc** être après qc – 24 **une poignée** Griff

Technique 1
Ouvrir avec la clef correspondante.
(On s'en serait douté.)

Technique 2
Percer le barillet avec une bonne perceuse.
Utiliser un foret de 8 mm de diamètre.
(Pas de perceuse. Trop de bruit.)

Technique 3
Faire glisser une radiographie entre la porte et le cadre.
(Ne marche qu'avec une porte à rive droite et à condition qu'elle ne soit pas fermée à clef.)

Aucune des solutions ne me satisfaisant, je décide d'inventer ma règle :

Technique Gaspard
Si la porte est fermée à clef, passe par la fenêtre.

Je longe le couloir, la main glissant sur le mur afin de ne pas tomber. Un panneau lumineux vert mettant en scène un petit bonhomme blanc qui court m'indique la sortie. Je pousse la porte en verre. À ce moment-là, l'alarme résonne dans tout l'établissement.

3 **se douter de qc** deviner qc, penser à qc – 5 **percer** bohren – 5 **un barillet** Schließzylinder – 6 **un foret** Bohrer – 9 **une radiographie** Röntgenbild – 9 **le cadre (de la porte)** Rahmen – 10 **une rive** *ici :* Rand

Encore la chambre 35

Pris de panique, je me réfugie derrière un gros rhododendron centenaire sans savoir que c'en est un. Sur le moment, ce n'est pas la principale de mes préoccupations. Autour de moi, la sirène hurlante déchire le silence.

On doit l'entendre jusqu'à Paris.

Je m'aperçois bientôt que l'arbre à roses (*rhododendron* en latin) est en fait un véritable repaire à chats. Il doit bien y en avoir une dizaine affalés sur les branches. Ils me regardent tous avec des yeux exorbités. Le bruit les rend fou. Je prends celui que j'imagine le moins farouche dans les bras et le jette en direction de la porte. Au bout de quelques secondes, l'alarme cesse et j'entends des voix approcher. Une voix d'homme, que j'identifie comme étant celle de Monsieur Degas et une voix délicate de femme. Peut-être Madame Colibet.

Ils ont trouvé le chat et semblent convaincus par ma petite théâtralisation. En attendant que la paix revienne dans le centre, je compte le nombre d'yeux luisants qui me dévisagent dans le noir de ma cachette. Vingt-deux. Soit onze chats à deux yeux ou vingt-deux chats borgnes.

Quelques minutes après, je me retrouve devant une fenêtre, celle que je pense être de la chambre 35. Les volets sont ouverts. Une chance.

Comme je l'ai vu faire dans un autre film que celui des bouchons brûlés, j'enlève ma veste de pyjama et m'en entoure le bras puis je donne un petit mais brusque coup de poing dans le carreau. Il explose en silence.

Je me hisse sur le rebord, non sans effort, avant de me laisser tomber comme un gros sac de patates dans la chambre.

2 **centenaire** qui a cent ans – 9 **exorbité** grand ouvert – 10 **farouche** sauvage – 14 **délicat** fin – 17 **luisant** brillant – 17 **dévisager qn** observer qn avec attention – 19 **borgne** dont un seul œil fonctionne – 21 **un volet** Fensterladen – 25 **un coup de poing** Faustschlag – 27 **se °hisser** se soulever, monter

Afin de ne pas éveiller les soupçons, j'éclaire parcimonieusement l'endroit du flash de mon Olympus. Il y a encore moins de mobilier que dans ma chambre. Le lit n'a plus de drap et le bureau est vide. Pas beaucoup d'indices à se mettre sous la dent. J'ouvre l'armoire. Elle est vide aussi. Alors que je vais ressortir par la fenêtre, une odeur familière envahit mes sinus. Humant l'air de la chambre, je prends la direction du lit, comme un chien qui suivrait la piste d'un os. Je m'agenouille au sol. Mon nez m'a porté jusqu'au matelas puis jusqu'à la barre de métal qui empêche les malades de tomber du lit.

Me voilà à quatre pattes en train de renifler.

J'identifie maintenant clairement des relents de polyester, de colle à chaussures et de cire brûlée. Et tout comme il est facile de reconstituer une mélodie à partir de quelques notes, je reconnais l'objet que ces trois odeurs composent et n'ose pas y croire.

1 **éveiller les soupçons** *mpl* Verdacht erregen – 1 **parcimonieusement** un petit peu – 6 °**humer** renifler, sentir (avec le nez) – 8 **un os** [ɔs] Knochen – 9 **une barre** Stange – 12 **un relent** une mauvaise odeur – 13 **la cire** Wachs

À la poursuite du trivial

Mon réveil sonne à 07 h 30.

Je me lève, je cherche mon cahier numéro 37 mais ne le trouve pas. Je fais un brin de toilette dans ma salle de bains, enfile des vêtements propres mais ridicules puis me rends au réfectoire prendre le petit-déjeuner.

L'ambiance est aussi détendue qu'hier. Je conclus que ma petite incursion de la nuit n'a pas eu de conséquences et n'a pas éveillé les soupçons. J'en suis ravi. Pour une première mission, je suis pleinement satisfait. Je meurs d'envie de raconter cela à Henri et à mes parents.

En une seule nuit, mon enquête a déjà fait un pas de géant grâce à l'odeur que j'ai identifiée dans la chambre. Cependant, il me reste maintenant à retrouver l'objet qui s'y rapporte et ce n'est pas une mince affaire.

Il paraît que si l'on crie pendant environ huit ans, sept mois et six jours, on produit assez d'énergie pour chauffer une tasse de café. Fort de ce savoir, je me place devant ma boisson et commence à hurler de toutes mes forces.

Au bout d'une minute, je m'arrête, épuisé. En plus, les infirmières ont rappliqué et me pressent de leur dire, paniquées, ce qu'il m'arrive.

Je partage avec elles ce grand secret de nature scientifique.

– Gaspard, si tu continues tes excentricités, menace Madame Jacques, je t'envoie chez le Professeur !

Leïla hoche la tête pour me montrer qu'elle approuve les paroles de sa collègue. Entre infirmières, elles se soutiennent, c'est normal.

Je m'abstiens de leur révéler qu'en pétant continuellement pendant six ans et neuf mois, on produit assez de gaz pour créer

3 **un brin de toilette** Katzenwäsche – 4 **un réfectoire** une cantine – 7 **une incursion** *ici :* une promenade – 8 **ravi** très heureux – 19 **épuisé** très fatigué – 20 **rappliquer** *fam* arriver – 28 **s'abstenir de faire qc** darauf verzichten etw zu tun – 28 **péter** *fam* furzen

l'énergie d'une bombe atomique. Je garde cette information pour moi. Cela me sera peut-être utile, un jour, lorsque je déciderai de m'échapper de cet asile de fous.

Je prends le petit-déjeuner en compagnie de Lily et de sa poupée « Manchote » qui ne peut pas boire son café toute seule parce qu'il lui manque les bras. Une fois terminé, alors que je vais sortir de la cantine, quelque chose d'ennuyeux arrive. Je fais tomber par terre mon cahier orange.

Il tombe sur les pages centrales.

Le Professeur Degas, qui passe par là, se penche et le ramasse avant que j'aie pu faire un seul mouvement.

– Qu'est-ce que c'est, Gaspard ? me demande-t-il en voyant les petites maisons dessinées.

Inutile de lui mentir.

– Euh, l'énigme d'Einstein.

Le docteur fronce les sourcils.

C'est lui qui fait passer les tests de Q.I. ici, il connaît sûrement l'énigme. Je ne dois pas éveiller les soupçons.

– Intéressant. Tu as trouvé la réponse ?

Il me teste. À moi d'être plus malin que lui.

– C'est le zèbre, qui n'appartient à personne, qui boit l'eau ! je m'exclame joyeusement.

Il sourit. Il a l'air soulagé et me tend le cahier.

– Presque ! m'encourage-t-il. Continue.

Puis il disparaît au fond du couloir, juste là où cette nuit il a découvert un chat insomniaque et somnambule.

À 14 h 00, on joue au Trivial Pursuit. Je suis imbattable à ce jeu. Tout le monde veut se mettre dans mon équipe. Non seulement je réponds bien aux questions mais en plus j'en explique les réponses.

Mais il y a deux questions auxquelles je ne peux toujours pas répondre. Qui a tué Patrick Vizon et qui a volé mon cahier ?

16 **froncer les sourcils** *mpl* die Augenbrauen runzeln – 20 **malin** schlau – 23 **soulagé** erleichtert – 26 **insomniaque** qui n'arrive pas à dormir – 26 **somnambule** qui se promène pendant qu'il dort

La disparition

Les jours passent.

L'armoire où j'enferme à clef mes cahiers n'a pas été ouverte. Le cheveu que je colle à cheval sur les deux portes avec un peu de salive est toujours là. C'est une technique que j'ai vue dans un film. Et après on dit que la télé abrutit ! Mais toujours impossible de remettre la main sur le cahier 37. Le mystère s'épaissit. Quelqu'un se doute peut-être que je ne suis pas ce que je prétends être. Il s'agit peut-être de l'assassin lui-même, qui sait ?

Les trois odeurs de la barre de lit de Patrick Vizon, telle la Sainte-Trinité, hantent mon esprit.

3 **à cheval sur deux choses** être à moitié sur l'une, à moitié sur l'autre chose – 4 **la salive** Speichel – 5 **abrutir** rendre idiot – 7 **s'épaissir** *ici :* devenir plus intense – 8 **prétendre** affirmer *(behaupten)* – 11 °**hanter l'esprit** *m* **de qn** jdm keine Ruhe lassen

Les magiciens écologiques

Les jours continuent de passer.

Une semaine déjà.

Depuis la perte de mon cahier 37, j'ai remarqué que le Professeur « Dégâts » agissait différemment avec moi. Il paraît plus méfiant, ou plus intéressé. Je le surprends quelques fois à m'observer. Dès qu'il s'aperçoit que je croise son regard, il détourne son attention sur d'autres patients, comme si de rien n'était.

Il écoute maintenant ce que je dis aux autres, mes explications quand je joue au Trivial Pursuit. Il s'intéresse à mes anecdotes, à mes histoires.

– Le mot *cent* s'écrit au pluriel lorsqu'il est multiplié, comme dans *cinq cents euros*, mais il ne prend pas de *s* lorsqu'il est suivi d'un autre chiffre : *cinq cent quarante euros*. Les mystères et les charmes de la grammaire française. C'est ma mère qui m'a appris cela lorsqu'elle m'a montré, pour la première fois, comment remplir un chèque. C'était pour m'acheter le *Faucon Millenium*, le vaisseau spatial de Han Solo dans *Star Wars*.

– Encore !

– Le jour de l'*Earth Hour*, un événement mondial destiné à sensibiliser le public au réchauffement climatique et au gaspillage de l'énergie, il y a toujours une ribambelle de magiciens en herbe qui se précipitent au Trocadéro avec leur caméscope afin de filmer la « disparition » des monuments les plus emblématiques. En fait, la mairie éteint les éclairages publics, tout simplement. Mais on dirait vraiment que la tour Eiffel disparaît dans la nuit pendant quelques secondes, surtout

4 **un dégât** Schaden – 5 **méfiant** qui ne fait pas confiance – 18 **un vaisseau spatial** Raumschiff – 21 **le réchauffement climatique** Klimaerwärmung – 22 **le gaspillage** Verschwendung – 23 **en herbe** angehend – 24 **un caméscope** une caméra – 25 **emblématique** symbolique – 25 **un éclairage** Beleuchtung

si tu es synchro et que tu fais auparavant quelques mouvements de baguette magique.

Lily se colle à moi, c'est une habitude chez elle. Les autres dessinent un cercle autour de moi.

Le Professeur Degas passe quelques instructions à Madame Pageot avant de disparaître lui aussi, comme la tour Eiffel.

2 **une baguette magique** Zauberstab – 3 **se coller à qn** sich an jdn schmiegen

The Twilight Zone

Après le dîner, j'ai regagné ma chambre. Il y avait du poulet. J'ai l'impression que l'on ne mange que du poulet ici. Ça manque cruellement d'omelette. Gaudí imaginait ses constructions biscornues sous l'influence des omelettes aux champignons hallucinogènes que lui cuisinait sa gouvernante. Il a fini sous un tramway à Barcelone.

Après un examen approfondi du cheveu qui scelle les portes de mon armoire, je découvre, horrifié, qu'on les a ouvertes. Je suis au regret de constater que l'on m'a volé les trois autres carnets que j'ai remplis durant mon séjour. Le 36, le 38 et le 39.

Les événements prennent une tournure qui ne me plaît guère. Ma mission n'est pas terminée, mais je pense forcément à mon exfiltration. Il faut que je téléphone à Henri. J'ai réussi à déjouer la fouille initiale en cachant mon portable dans un paquet de biscuits. S'ils l'avaient découvert, ils me l'auraient confisqué. On ne communique pas avec l'extérieur ici.

Je secoue l'emballage en aluminium de mes Prince au chocolat. Le portable tombe dans ma main. Ma clef de sortie.

Dans la chambre mitoyenne, Céline a monté le volume de sa chaîne hi-fi. Son idole s'égosille sur un rythme mielleux. Cela couvrira mon appel.

Je compose le numéro de mémoire.

Quelques secondes après, une voix féminine répond. C'est un répondeur.

Vous êtes bien à la Boucherie Flambier. Notre établissement, créé en 1851, ouvre de 09 h 00 à 18 h 00. Veuillez rappeler aux

3 **cruellement** *ici : fig* bitter – 4 **biscornu** de forme bizarre – 7 **sceller** versiegeln – 11 **une tournure** une évolution – 11 **ne… guère** ne… pas beaucoup – 13 **une exfiltration** Zurückschleusen – 13 **déjouer qc** *ici :* sich etw entziehen – 14 **une fouille** Durchsuchung – 17 **secouer** schütteln – 17 **un emballage** Verpackung – 19 **mitoyen** d'à côté – 20 **s'égosiller** crier en chantant – 20 **mielleux** zuckersüß – 24 **un répondeur** Anrufbeantworter – 25 **une boucherie** Fleischerei

horaires d'ouverture ou nous laisser la commande d'un plat après le bip. Merci.

La Boucherie Flambier ? Je suis sûr d'avoir mémorisé parfaitement le numéro du cabinet de *Détectives Services & versa.* Je le recompose. Encore une fois, la voix de la bouchère retentit à l'autre bout du fil. Sa voix enjouée a le don de me mettre hors de moi. J'essaye encore une fois, puis une autre. À chaque essai, je tombe sur la Boucherie Flambier créée en 1851. Excédé, je laisse la commande d'un plat. « Un couscous royal pour dix personnes ! »

6 **enjoué** joyeux – 6 **un don** Gabe – 6 **mettre qn °hors de soi** rendre qn furieux – 8 **excédé** entnervt

L’attaque de l’ours

J’aurais dû partir alors qu’il en était encore temps.

Aussitôt après avoir raccroché, j’aurais dû quitter ma chambre, longer les couloirs, prendre la porte de sortie, me cacher derrière le rhododendron et attendre la nuit noire pour m’enfuir de ce lieu sinistre.

Si j’avais eu la bonne idée de faire cela, je ne me serais jamais retrouvé à 02 h 00 du matin avec une main sur la bouche et un homme à cheval sur moi.

Une partie de mes muscles est comprimée contre le matelas par le poids de l’agresseur, l’autre tétanisée de peur. Je ne peux plus bouger. Je ne peux que subir. L’alerte maximale est donnée à l’intérieur de ma tête lorsque des relents de polyester, de colle à chaussures et de cire brûlée pénètrent mes sinus. L’objet que je cherchais est là, devant mes yeux, dans l’obscurité de la chambre, posé sur la tête de cet homme qui me tue. Je ne vois pas très bien, mais j’imagine que c’est une casquette en fibres plastiques, comme celles que je vendais auparavant dans ma boutique de Montmartre.

Je revois l’Espagnol me fourrer la sienne sous le nez.

Il n’y a peut-être pas écrit *Paris* sur celle-là, mais pas de doute, elle sort des mêmes usines.

J’arrive à dégager un bras et je lance ma main vers la tête de l’agresseur. Je lui arrache la casquette. Je prends conscience que c’est exactement ce qu’a fait Patrick Vizon dans un dernier élan de survie. Il a pris la casquette à pleine main, l’a lâchée puis a agrippé la barre en métal. L’odeur, collée à la sueur du stress, s’est déposée sur la barre du lit et y est restée.

un ours Bär – 8 **à cheval** rittlings – 9 **un matelas** Matratze – 10 **tétanisé** verkrampft – 11 **subir** über sich ergehen lassen – 21 **une usine** Fabrik – 22 **dégager** libérer – 23 **arracher** prendre brutalement – 26 **agripper** packen – 26 **la sueur** Schweiß

La main d'ours de l'homme, grosse et puissante, a glissé sur ma gorge. Elle la couvre entièrement. J'essaie de crier mais aucun son ne sort de ma bouche. Mon agresseur a des épaules imposantes. Je ne connais qu'une seule personne ici possédant cette carrure.

Je ne peux pas croire que je vais mourir, là, durant ma première mission. James Bond ne meurt jamais, lui. J'essaie de résister mais la main comprime mon gosier comme une orange dans un presse-oranges jusqu'à ce que je perde connaissance.

2 **la gorge** Kehle, Hals – 2 **couvrir** bedecken – 8 **le gosier** Kehle – 9 **perdre connaissance** *f* das Bewusstsein verlieren

Quelques minutes au Paradis

Lorsque je me réveille, je suis dans un lit qui n'est pas le mien. Madame Colibet est en train de remplir des papiers à côté de moi. Suis-je au Paradis ?

– Gaspard ?

Sa petite voix douce s'infiltre dans mes oreilles et me caresse le cerveau.

– Je suis au Paradis ?

La femme sourit puis elle s'approche de moi. Elle me prend la main.

– Comment vas-tu ? Tu nous as fait une sacrée peur.

Je me souviens alors de tout ce qui s'est passé cette nuit, de l'ours qui me comprime la gorge, de la casquette, de Patrick Vizon.

– C'est le Professeur ! dis-je.

Elle semble ne pas comprendre ce que je dis.

– Le Professeur va te recevoir, Gaspard.

– Non, vous ne comprenez pas, c'est le Professeur qui a tué Patrick Vizon. Il a essayé de me tuer cette nuit aussi car j'en savais trop.

La femme pouffe de rire, comme si elle venait d'entendre la plus grosse sottise de sa vie.

– Tu as de la fièvre, Gaspard. On t'a retrouvé par terre ce matin. Tu étais tombé du lit et tu délirais. Le Professeur m'a dit qu'il te recevrait dès que tu ouvrirais les yeux. Il veut te parler, c'est important.

– Tu m'étonnes ! Il veut achever ce qu'il n'a pas pu faire cette nuit ! Si je me lève de ce lit, c'est pour partir d'ici. Je ne suis pas qui vous croyez, Madame. Je suis détective privé. Je suis infiltré.

5 **caresser** streicheln – 20 **pouffer de rire** losprusten – 21 **une sottise** une bêtise – 22 **la fièvre** Fieber – 26 **Tu m'étonnes !** *expr fam* Ne, wirklich ? (**étonner** erstaunen) – 26 **achever** finir

Et je vais faire la lumière sur toute cette affaire. Vous entendrez parler de moi.

– Je sais, je sais, dit-elle.

Je me redresse et mets pied à terre. Le sol est froid. J'aimerais lui montrer ma plaque de détective mais je n'en ai pas.

Alors que je quitte la pièce, Madame Colibet me rattrape par le bras.

– Tu as oublié ta casquette.

Elle me tend une casquette blanche siglée *Paris* en fil d'or qui sent le polyester, la colle à chaussures et la cire brûlée à plein nez.

– Elle n'est pas à moi. Mais je la prends, c'est une pièce à conviction.

– Mon petit Gaspard, tu ne changeras jamais, dit mystérieusement la jeune femme avec un petit air amusé. Toujours autant d'imagination…

4 **le sol** Boden – 12 **une pièce à conviction** *f* Beweisstück

Douze singes contre des millions

J'examine mon reflet dans la fenêtre du couloir. Aucune trace sur mon cou. Pourtant la violence de l'acte aurait dû me laisser sur la peau une empreinte indélébile.

Je fais rouler la casquette dans mes mains. Il va falloir que je sorte d'ici sans l'aide d'Henri puisqu'une certaine boucherie occupe sa ligne. À moins que je laisse un message mystérieux sur le répondeur de la boucherie, ce qui n'est pas sans me rappeler *L'Armée des douze singes* avec Bruce Willis, qui laisse un message codé sur le répondeur automatique d'un pressing pour que l'on vienne le chercher. J'ai l'impression qu'on en revient toujours aux singes. Shakespeare et ses millions de singes, Bruce Willis et ses douze singes. Il y a quelque chose de magique, de symbolique dans cet animal. Peut-être parce qu'il nous ressemble tellement.

En parlant de singe, le Professeur Degas apparaît devant moi, ses épaules imposantes en avant. On dirait plutôt un grand gorille.

Je sursaute.

– Gaspard, il faudrait que nous parlions de ce qui est arrivé ces jours-ci.

Je n'avais jamais remarqué que tout le monde me tutoyait. D'abord Madame Colibet, maintenant le Professeur. J'ai toujours l'impression qu'ils s'adressent à des enfants alors que la majorité des patients, ici, ont la trentaine voire la quarantaine !

– Justement, vous êtes en état d'arrestation, lui dis-je solennellement.

J'ai toujours rêvé de dire cela. Je l'ai vu dans les épisodes de *Colombo*. Généralement, lorsque le vieux lieutenant de police

3 **une empreinte** Abdruck – 3 **indélébile** qu'on ne peut pas enlever – 8 **L'Armée des douze singes** *film de science-fiction de Terry Gilliam (1995)* – 9 **un pressing** Reinigung – 25 **Vous êtes en état d'arrestation !** Sie sind verhaftet!

dit cela, il y a quatre, cinq policiers en uniforme qui surgissent d'on ne sait où pour passer les menottes au coupable. Mais dans la vraie vie, cela ne se passe pas comme ça. Le coupable reste là, en face de moi. Il sourit même avant de faire demi-tour tranquillement et de disparaître dans le couloir.

1 **surgir** arriver soudain / tout à coup – 2 **des menottes** *fpl* Handschellen – 4 **faire demi-tour** *m* sich umdrehen

Je sais que je ne sais rien

Je suis le Professeur jusque dans son bureau. L'épilogue est prêt. Tel le torero, je m'apprête à infliger le coup de grâce. Colombo est sur le point de raconter toute l'histoire. La corrida est terminée. Je referme la porte derrière moi et dis :

– La corrida est terminée !

– Assieds-toi, Gaspard, rétorque le docteur comme s'il ne m'avait pas entendu.

Je m'exécute.

– Je ne sais pas trop par où commencer. Il y a beaucoup à dire sur tes agissements de ces derniers mois.

Mois ? Je ne suis ici que depuis quelques jours seulement.

– Le soir où l'alarme a sonné, quelqu'un a essayé de nous faire croire que c'était un chat qui l'avait déclenchée involontairement…

Mince !

– J'ai donc fait le tour de toutes les chambres, continue-t-il, et je me suis aperçu que tu étais le seul à ne pas être dans la tienne.

Oups. Je pensais vraiment avoir eu une bonne idée.

– Au lieu de cela, j'ai trouvé sur ton lit, bien en évidence, un cahier qui portait mystérieusement le numéro 37. Je l'ai pris. Je ne sais toujours pas si j'ai bien fait ou pas. Quoi qu'il en soit, son contenu m'a bouleversé.

Il hésite un instant, comme pour choisir ses mots, puis reprend.

– Depuis que l'on se connaît tous les deux, je ne t'avais pas vu aussi mal… et à la fois aussi bien.

2 **infliger le coup de grâce** den Gnadenstoß geben – 6 **rétorquer** répondre – 8 **s'exécuter** faire ce qu'on nous demande de faire – 10 **un agissement** une action – 20 **bien en évidence** placé pour qu'on le voie bien – 23 **bouleverser** erschüttern

Il laisse planer un silence, joue nerveusement avec le bouton de sa blouse. « Depuis que l'on se connaît tous les deux ? » Qu'est-ce que cela signifie ?

– Aussi mal pour tes hallucinations, tes propos incohérents. Aussi bien, pour le roman que tu as écrit. Un véritable exploit pour quelqu'un… comme toi. Tu as une imagination débordante, Gaspard. Tu as du talent, vraiment, je le pense. Ce qui me pose un problème, c'est que j'ai l'impression que tu ne fais aucune différence entre ce que tu vis et ce que tu écris. Entre la réalité et la fiction. Entre ta vie et ton roman.

– Je ne comprends rien de tout ce que vous me dites. Quel roman ?

L'homme sort un cahier vert de son tiroir et le pose sur la table, juste en face de moi. Je reconnais la petite étiquette que j'ai collée et le numéro 37 que j'ai griffonné au stylo Bic bleu.

– C'est un cahier où je n'écris que les bonnes choses. Il est à moi et personne n'a le droit de le lire.

– Laisse-moi vérifier quelque chose, veux-tu ? Comment t'appelles-tu ?

– Gaspard.

– Gaspard comment ?

Je ne réponds pas. Je ne sais s'il faut dire mon vrai nom ou celui de ma couverture. Il réitère sa question, avec un ton calme de psychologue. Je déteste mon vrai nom de famille.

– Je t'en prie.

Tant pis. Je fais un effort insupportable.

– Gaspard J.S., Gaspard Jackson Shakespeare.

L'homme fait une petite moue de déception et de tristesse.

– Gaspard, je suis désolé, mais ce n'est pas ton nom.

– Je suis le descendant de William Shakespeare, en passant par la lignée des Jackson et…

– Tu t'appelles Gaspard Boulanger, coupe l'homme.

1 **un bouton** Knopf – 4 **des propos** *mpl* des paroles *(Worte)* – 6 **débordant** *ici :* blühend – 23 **réitérer** répéter – 28 **une moue** schiefes Gesicht – 28 **la déception** Enttäuschung – 32 **couper** *ici :* interrompre *(unterbrechen)*

Ce nom ne me dit rien, mais il me paraît plus détestable encore que l'autre. Les choses se gâtent. Il va me falloir tout lui expliquer car il ne comprend rien. Je prends le risque de griller ma couverture. Tout est fini. Je sais qui est le coupable. Je lui raconte ma vie d'avant, la boutique à Montmartre, le laboratoire de déodorant, l'accident d'avion de mes patrons, mon incursion dans le métier de détective privé, Henri, qui m'a amené ici il y a à peine quelques semaines, et qui est mon nouveau patron. Je lui apprends que je suis un agent infiltré et que ma mission est d'enquêter sur la mort de Patrick Vizon.

Le Professeur me regarde perplexe.

– Gaspard, ce n'est pas ce Henri qui t'a emmené ici. Ce sont tes parents. Il y a vingt-neuf ans. Tu vis ici depuis que tu as trois mois. C'est moi-même qui t'ai accueilli. Tu étais un ravissant petit bébé. Et depuis, tu n'es plus jamais parti d'ici. Tout ce que tu connais est ici. Tous ceux que tu connais sont ici. Nous sommes tes parents. Ta famille. Les autres, ce Monsieur Desépaules, tes propres parents sont le fruit de ton imagination.

– Le cabinet de détective existe bien !

– Tu veux parler du balcon fleuri au-dessus de la boucherie ? Voyons, Gaspard, tes détectives sont des bouchers-charcutiers ! Tu as découpé des annonces publicitaires dans notre annuaire des pages jaunes. Tu as tout collé dans tes cahiers. C'est Madame Avril qui m'en a avisé. Je n'ai pas pris de sanctions à ton encontre car je voulais savoir ce que tu en ferais. Une annonce de détective privé, tu sais, c'est intrigant. Et je suis très curieux. Bref, lorsque j'ai achevé la lecture de ton cahier 37, j'ai voulu en connaître plus sur ta manière de penser et sur ce roman que tu écrivais, dans lequel tu te mettais en scène sous les traits d'un détective privé en herbe. Lors d'un repas, je me suis éclipsé et suis à nouveau allé dans ta chambre. J'ai découvert un trésor dans ton

2 **se gâter** devenir mauvais – 3 **griller** *ici :* auffliegen lassen – 11 **perplexe** ratlos – 14 **ravissant** très mignon *(sehr hübsch)* – 24 **aviser qn de qc** informer qn de qc – 24 **une sanction** Strafe – 24 **à ton encontre** contre toi – 26 **intrigant** mystérieux – 30 **s'éclipser** disparaître

armoire. Ce roman que tu as écrit est passionnant, pas toujours facile à lire, mais il m'a tenu en haleine pendant de longues heures.

Le Professeur se lève et sort un carton de son armoire forte. Il y a là toute ma vie.

– Des cahiers verts pour les choses positives, des cahiers rouges pour les choses négatives, des cahiers orange pour des exercices, des pensées. Très astucieux.

– Et l'énigme d'Einstein ? J'ai réussi à résoudre l'énigme d'Einstein ! je me défends.

– Gaspard, nous avons eu cette conversation des centaines de fois. Tu es un garçon très très très spécial, dit-il en prenant un air amical. Tu as ce que l'on appelle le syndrome de Down. Une anomalie – même si je n'aime pas ce mot – chromosomique qui fait que tu resteras toujours jeune, mon garçon. Que tu auras toujours ton esprit d'enfant. C'est un don de la nature. Une anomalie merveilleuse qui ne te fera jamais grandir, jamais vieillir, du moins en esprit. Ton intelligence est un peu plus basse que la moyenne et tu n'as jamais résolu l'énigme d'Einstein. Mais tu en as toujours rêvé.

Un silence embarrassant envahit le bureau.

Après quelques secondes de déconcertement, je m'empresse de tourner les pages du cahier orange, celui dans lequel je marque les choses ni bonnes ni mauvaises, et lui montre la page sur laquelle j'ai écrit que c'est le diplomate norvégien qui boit de l'eau et que c'est l'Islandais qui élève un zèbre.

– Tu as écrit toutes les solutions possibles sur chacune des pages. Et puis, quand je t'ai dit la réponse le jour où tu me l'as demandée, tu as arraché les pages qui ne convenaient pas.

Il me montre la reliure abîmée, les traces de découpage. Je ne comprends plus rien.

– Mais ce n'est pas grave. Seuls 2 % de la population seraient capable de résoudre le casse-tête. Regarde, Madame Pageot n'a

2 **tenir qn en haleine** jdn in Atem halten – 8 **astucieux** schlau – 22 **le déconcertement** *ici :* la surprise – 30 **une reliure** Einband

jamais résolu l'énigme, et pourtant elle n'en est pas moins heureuse. Ce n'est pas une fatalité, Gaspard. Tu te fais un monde de peu de choses.

L'homme ouvre une petite boîte en bois et en tire un sachet de thé qu'il plonge dans une tasse vide en porcelaine chinoise. Il prend une théière du même service et fait couler de l'eau chaude. Le tout prend immédiatement une teinte jaune. Il prend un citron, d'un panier à fruits, le découpe en quartiers avec un couteau tranchant et en dispose un morceau sur la soucoupe de sa tasse. Puis il boit une gorgée, tout doucement.

– Je manque à tous mes devoirs. Je ne t'en ai même pas proposé.

Le Professeur me met sa tasse sous le nez. Aussitôt, une odeur de citron, menthe, pastille Vichy, poulet et cendres m'envahit les narines. Je reconnais immédiatement le parfum du déodorant masculin *Classe*®.

– J'ai l'impression que tu as essayé de reproduire un nouvel Internet de papier sur tes cahiers, une base de données gigantesque analogique, comme si tu avais peur qu'un jour toutes les données informatiques disparaissent et que tu sois le seul gardien du savoir. Dans tes cahiers, on trouve des coupures de journal loufoques, comme par exemple « Plongeur meurt emporté par une avalanche », « Voleur manchot pris la main dans le sac » ou « Course folle du braqueur cul-de-jatte », un bric-à-brac de statistiques en tout genre (depuis la naissance jusqu'à l'âge de la propreté, un enfant utilise cinq mille couches et produit environ une tonne de déchets), des étymologies (« caniche » vient de « canard », Sri Lanka signifie « île

2 **se faire un monde** se stresser, s'inquiéter – 9 **tranchant** scharf – 10 **une gorgée** Schluck – 11 **manquer à ses devoirs** *mpl ici :* ne pas être poli – 21 **un gardien** Wächter – 21 **une coupure de journal** Zeitungsausschnitt – 22 **loufoque** fou, bizarre – 22 **un plongeur** Taucher – 23 **une avalanche** Lawine – 23 **la main dans le sac** *expr* auf frischer Tat – 24 **un braqueur** bewaffneter Räuber – 24 **cul-de-jatte** sans jambes – 25 **un bric-à-brac** un désordre, un chaos – 26 **une couche** Windel – 27 **les déchets** *mpl* Abfall

resplendissante ») et des observations variées (« la durée de vie d'un prospectus dans une main est d'environ cinq secondes. Après ce délai, il termine irrémédiablement dans une poubelle ou sur la voie publique »). Mais au milieu de tout cela, il y a cette histoire, ce roman que tu as écrit sur un jeune trisomique, ce Gaspard Jackson Shakespeare, descendant du célèbre écrivain anglais, qui vit à Paris, avec ses parents qu'il aime et qui l'aiment. Ce trisomique travaille, il a une famille. Juste le contraire de toi. N'as-tu pas mis sur le papier cette vie que tu désirais inconsciemment ? Puis, il perd ses emplois de renifleur d'aisselles et de commerçant à Montmartre suite à l'accident d'avion de ses patrons. Il devient détective privé et s'infiltre dans un centre d'éducation spécialisé afin d'enquêter sur la mort suspecte d'un handicapé mental. Il se trouve que le centre que tu décris est celui-là, cela ne fait pas de doute. C'est la seule chose que tu connaisses. À quelques mois près, tu es presque né ici. Toutes ces informations du monde extérieur que tu ne connais pas et que tu as prises sur Internet ou dans les livres que tu dévores. Mais ce que j'ai le plus apprécié, c'est ta mise en scène du véritable personnel d'ici comme personnages de fiction dans ton roman. Hervé, ton professeur d'activités, et qui est le seul que je connaisse à pouvoir tracer un cercle parfait à main levée. Marie, ta kinésithérapeute, qui est devenue sa femme dans ton imagination, c'est-à-dire ta mère. Et moi, qui suis-je ? Ne me le dis pas. Dans la première partie de ton livre, je suis Monsieur Desépaules... Nous avons la même carrure physique. Je préfèrerais tout autant car il me semble être un homme droit et juste, comme j'ai toujours essayé de l'être. Dans la deuxième partie, je joue mon propre rôle. C'est ça ? Tu vois, je préfère te parler sincèrement, comme à un adulte, Gaspard, et non pas te mentir comme on le ferait à un enfant.

1 **resplendissant** brillant – 3 **irrémédiablement** définitivement – 4 **une voie** une route – 19 **dévorer** *ici :* verschlingen

Le médecin boit la dernière gorgée de son thé et se frotte énergiquement les gencives avec le quartier de citron. Puis il se lève de son bureau. Il se dirige vers la commode en fer et tire un grand tiroir semblable à ceux dans lesquels les pharmaciens entreposent les médicaments.

Il en sort un album photographique. Sur la couverture, il y a écrit Gaspard Boulanger.

– Toute ta vie est là, Gaspard.

Il me tend le livre.

En le feuilletant, je tombe sur des dizaines de photos de moi. En effet, toute ma vie est là, depuis mes trois mois jusqu'à maintenant. Il n'y a pas de doute, c'est bien moi. La fête d'anniversaire de mes dix ans derrière le pavillon, un baiser sur la bouche de Lily à côté du rhododendron, j'ai seize ans, Céline, qui est une fille, et moi nous baignant dans la fontaine quelques minutes avant de nous faire gronder par le Professeur « Dégâts » et nous faire dévisser la tête à coups de gifles par Marie, la kiné. Je dois avoir une vingtaine d'années sur ces derniers clichés.

Je reste sans voix. J'ai passé toute ma vie ici.

– Et lui ?

– Rachid ? C'est le cuisinier de la cantine.

Je reconnais mon ancien employeur de Montmartre, le vendeur de porte-clefs en forme de tour Eiffel, de tee-shirts et autres souvenirs de Paris.

– Comment ai-je pu inventer une histoire pareille ? je demande, déconcerté.

– Ce n'est pas de ta faute, Gaspard. Tu es victime de ton émotion, de ta sensibilité. Tu es une personne fragile. Tu étais un bon ami de Patrick Vizon, le meilleur, si l'on peut dire que l'on peut être ami d'un légume. Tu passais beaucoup de temps à son chevet. Tu lui racontais des histoires pendant des heures.

1 **se frotter** sich reiben – 2 **les gencives** *fpl* Zahnfleisch – 13 **un baiser** un bisou – 17 **dévisser la tête** *fig* den Kopf abschrauben – 26 **déconcerté** *ici :* confus – 31 **au chevet de qn** auprès du lit d'un malade

Tu as été très affecté par sa mort, il n'y a pas de doute. Des hallucinations et des délires peuvent arriver en cas de grands chocs. Ou lorsque l'on essaye de se préserver... de refouler quelque chose...

Il laisse flotter un silence lourd de reproches.

– On t'a retrouvé au chevet de Patrick lorsqu'il est mort. Ta casquette était dans sa main. Il l'agrippait avec force.

– Ma casquette ?

– Oui, ta casquette fétiche où il y a *Paris* brodé dessus, celle que tu t'es achetée le jour où nous sommes allés à Montmartre, en excursion, il y a de cela quelques années. Tu ne t'en sépares jamais. Or, ce jour-là, on l'a retrouvée dans la main de Patrick. Il s'était débattu, ses draps étaient défaits. Toi, tu étais par terre, tremblant, recroquevillé comme une bête qui a peur. Patrick est mort les yeux grands ouverts, comme si sa dernière vision sur Terre avait été celle d'un démon. Et puis, il y a toutes ces visites que t'a rendues le père de Patrick ces temps-ci, avant la mort de son fils. Je n'insinue rien. Je constate. Après tout, Patrick souffrait et c'est peut-être une bonne chose qu'il soit parti. Au moins, là où il est, il ne souffre plus. Je n'ai rien dit à personne.

Le Professeur reprend l'album photo et le remet dans le grand tiroir.

– Bon, je dois m'occuper du voyage en Australie. Tu m'excuseras.

Pour la première fois depuis que je suis entré dans ce bureau, je sors de ma torpeur.

– Le voyage en Australie ?

– Oui, l'année prochaine, nous allons en Australie, à Sydney. C'est prévu depuis deux mois. C'est même toi qui as choisi la destination et qui as gagné le petit jeu que l'on a organisé. Pour être franc, je préfère que ce soit toi qui aies gagné. Vu les

1 **affecté** touché – 3 **refouler** verdrängen – 9 **fétiche** *ici :* préféré – 13 **se débattre** um sich schlagen – 14 **tremblant** zitternd – 14 **recroquevillé** zusammengekauert – 18 **insinuer** andeuten – 26 **la torpeur** Erstarrung

bulletins qu'avaient mis les autres dans l'urne. Le Luxembourg, l'Albanie… Je ne sais pas où ils vont chercher ces idées-là. L'Australie, c'est bien plus glamour. Je sais pourquoi tu as choisi ce pays.

– Ah bon ?

Le Professeur signale le cahier.

– Une histoire de poids et de *moonwalk*, n'est-ce pas ?

– Ah, oui. Une question de poids et de *moonwalk*.

La dernière balade

Je sors dans le jardin et je marche sur le sentier entouré de gros cailloux blancs. On est vendredi.

C'est une journée splendide et ensoleillée et le célèbre dramaturge britannique, qui s'est déjà procuré, il y a belle lurette, une belle autruche pour en prendre les plumes pour écrire, vient de récidiver, cette fois-ci avec des singes, car à l'aube de sa mort, une nouvelle lubie l'habite, devenir immortel. Shakespeare ne le sait pas encore mais il mourra à peine deux ans plus tard des suites d'une longue et mystérieuse maladie vénérienne que certains n'hésitent pas aujourd'hui à considérer comme le premier cas de Sida jamais recensé. Il a installé les primates dans un atelier clandestin, au coin d'une rue fumante du cœur de Londres et leur a donné à chacun une vieille machine à écrire Olympia, qui à cette époque n'existe pas encore. Sous la menace de gardiens armés de fouet, il oblige ses nègres, qui pour le coup sont des singes, à taper frénétiquement, toute la journée durant, sur les touches, de manière tout à fait aléatoire, car il n'y a à ma connaissance aucun singe lettré, avec l'espoir que l'un d'eux constitue, accidentellement, le meilleur texte de l'artiste, à savoir *Hamlet*. Shakespeare n'a jamais écrit ses pièces, cela on le sait depuis longtemps, ce sont ses singes qui écrivent pour lui, cela on ne le savait pas.

Alors que je réécris dans ma tête les premières lignes de mon autobiographie, celle du grand Gaspard Jackson Shakespeare, je croise le jardinier occupé à tailler le rhododendron. Le petit homme au crâne chauve lève son arrosoir de plastique jaune

une balade une promenade – 1 **un sentier** un chemin – 2 **un caillou** Stein – 4 **se procurer qc** sich etw verschaffen – 5 **une autruche** Strauß – 5 **une plume** Feder – 6 **récidiver** faire qc (en général un délit) encore une fois – 6 **à l'aube** *f* **de** *fig* juste avant – 7 **une lubie** Marotte – 9 **une maladie vénérienne** Geschlechtskrankheit – 11 **recenser** erfassen – 15 **un fouet** Peitsche – 15 **un nègre** *ici :* Ghostwriter – 25 **tailler** (be)schneiden pour me saluer dans un grand sourire forcé avant de reprendre son travail.

– Salut, Henri !

Je me rappelle de lui. C'est Henri Bossi, le jardinier.

Je mets les mains dans les poches.

Ma main droite touche un morceau de papier plié. Je tire dessus. Il s'agit d'un chèque. Le compte est de Gérard Vizon, le père de Patrick. Il a griffonné 15 530 euros au stylo Bic bleu dans le cadre, puis l'a écrit sur la ligne en toutes lettres. *Quinze mille cinq cent trente euros.* Pas de faute d'orthographe. Il a bien omis le *s* à la fin de *cent* car il est suivi de *trente*. Le chèque est adressé à un certain Gaspard Boulanger. Je le retourne. Il y a écrit *merci* au verso.

Connais pas.

On partage le même prénom, mais moi, c'est Gaspard Jackson Shakespeare. Un nom emblématique que nous préservons dans la famille depuis des lustres. C'est un secret que l'on se doit de garder, il ne faut pas dire notre nom. Voilà pourquoi je le déteste.

Arrivé au fond du jardin, je me retourne et je regarde le pavillon où j'ai passé vingt-neuf ans de ma vie. Il me faudra réapprendre à l'aimer et à le découvrir.

Demain.

1 **forcé** ≠ naturel, ≠ spontané – 10 **omettre** *ici :* ne pas mettre – 17 **depuis des lustres** *mpl expr* depuis très longtemps

Romain Puértolas

Biographie

Romain Puértolas est né le premier jour de l'hiver 1975 à Montpellier. Il est titulaire d'une maîtrise en Lettres et Civilisation espagnoles, d'une maîtrise en Français langue étrangère et d'une licence en Lettres et Civilisation anglaises. Doté d'une oreille musicale, il parle espagnol, catalan, anglais, russe et a des notions d'allemand. Il a même appris le swahili lors de son voyage de noces au Kenya…

Attiré depuis toujours par les films de James Bond, Romain Puértolas a passé et réussi les examens pour être traducteur-interprète d'espagnol et d'anglais à la DGSE (services secrets français). Il a finalement renoncé au poste car il a trouvé que la vie d'un vrai linguiste de la DGSE était beaucoup plus ennuyeuse que celle imaginée de James Bond ! Il a enchaîné en réussissant le concours d'Officier de Police.

Il écrit depuis l'âge de six ans (d'abord des bandes dessinées, puis des poèmes et enfin des romans). Il est l'auteur de *L'Extraordinaire voyage du fakir qui était resté coincé dans une armoire Ikea*, paru en 2013 aux éditions Le Dilettante et qui a été adapté pour le cinéma.

Bibliographie non exhaustive

Les nouvelles aventures du fakir au pays d'Ikea,
Le Dilettante, 2018
Tout un été sans Facebook, Le Dilettante, 2017
Re-vive l'empereur !, Le Dilettante, 2015
La petite fille qui avait avalé un nuage grand comme la tour Eiffel, Le Dilettante, 2015

2 **une maîtrise** Magister (4-jähriges Universitätstudium nach dem Abitur)

Liste des abréviations

≠	antonyme de
→	mot de la même famille
°	*h* aspiré (pas de liaison : *le/la* devant un substantif, *je* devant un verbe)
etw	etwas
expr	expression
f	féminin
fam	familier
fig	au sens figuré
fpl	féminin pluriel
inf	infinitif
jdm	jemandem
jdn	jemanden
m	masculin
mpl	masculin pluriel
qc	quelque chose
qn	quelqu'un

Bildnachweis:
Cover U1 Shutterstock (Jacek Fulawka), New York; **Cover U1** Shutterstock (MaxyM), New York; **28** © Romain Puértolas; **36** © Romain Puértolas; **37** © Romain Puértolas; **108** © Éric Clément